데이터 시각화

Data Visualization
With Python

with 파이썬

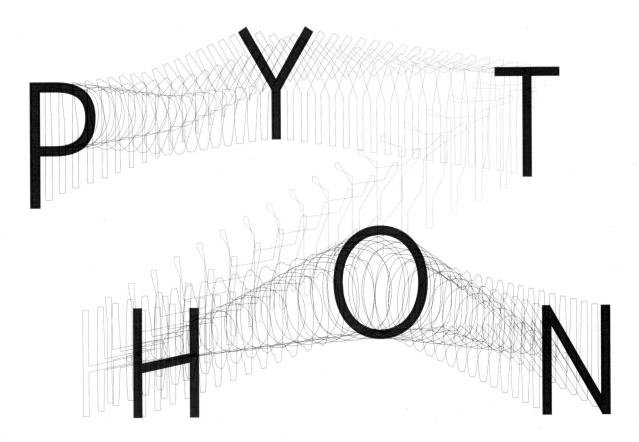

Education by Sympathy

데이터 시각화

Data Visualization
With Python

with 파이썬

초판 1쇄 인쇄 2021년 3월 10일
초판 1쇄 발행 2021년 3월 20일

지은이 설진욱
펴낸이 한준희
펴낸곳 (주)아이콕스

기획·편집 오운용
디자인 그리드나인
영업지원 김진아, 손옥희
영업 김남권, 조용훈, 문성빈

주소 (14556) 경기도 부천시 조마루로 385번길 122 삼보테크노타워 2002호
등록 2015년 7월 9일 제 386-251002015000034 호
홈페이지 http://www.icoxpublish.com
이메일 icoxpub@naver.com
전화 032-674-5685
팩스 032-676-5685
ISBN 979-11-6426-160-4 (93000)
979-11-6426-162-8 (95000) 전자책

데이터 시각화

Data Visualization
With Python

with 파이썬

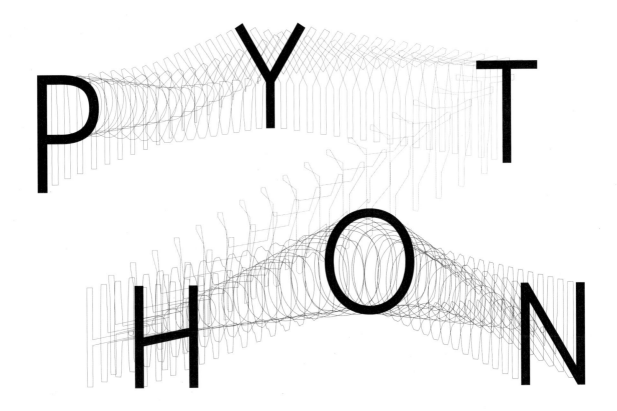

iCox
Education by Sympathy

최근 IT 기술의 발달과 함께 소프트웨어도 다양한 프로그래밍 언어들이 많이 나오고 있으며, 이세돌과 알파고의 바둑과 관련하여 한국에서는 파이썬 언어에 대한 인기가 많아져, 빅데이터, 머신 러닝 등 이러한 신규 용어들이 계속 쏟아져 나오고 있습니다.

기존의 전공자들의 주된 영역이었던 빅데이터, 머신 러닝 등의 영역은 이제 전공자가 아니더라도 쉽게 접근할 수 있는 영역이 되었고 행정, 교육, 경제, 경영, 의학, 공학, 과학, 예술, 스포츠 등에서 많은 사람들이 다룰 수 있는 영역으로 보편화 되었습니다.

빅데이터, 머신 러닝 과정에서 도출되는 광범위한 데이터들은 엑셀과 같은 표 형태의 데이터, 그래프 등의 형태로 표현 가능하며, 여러 가지 방법 중에서 시각적인 기법으로 보여 주는 것이 가장 빠른 의미 전달의 도구인 것으로 판단이 됩니다.

이 책은 파이썬을 사용하여 데이터를 시각화하는 데 초점을 두었습니다. 다만, 파이썬을 처음 접하는 분에게는 권장하지 않으며, 기초적인 문법을 터득하신 분에게 권장하는 서적입니다.
또한, 일반적으로 자주 사용되는 그래프를 항목 별로 나누어 집필하였고, 파이썬에서 제공하는 matplotlib, seaborn이라는 라이브러리로 작성하였습니다.

책의 내용 구성 ─────────────────────────

[파이썬 프로그래밍 개요] 장(章)은 파이썬의 주요한 특징과 종류 및 사용처 등에 대하여 설명하며, 파이썬을 설치하는 방법 및 Jupyter Notebook, 파이참의 설치 및 설정 방법 등에 대하여 간략히 설명합니다.

[판다스 패키지] 장(章)은 데이터 구성 요소의 가장 중요한 부분인 Series와 DataFrame을 활용하는 방법에 대하여 설명하며, 기본적인 읽기와 쓰기 방법민 데이터를 병합하거나 추출하는 방법 및 그룹핑에 대하여 설명합니다.
이 단원은 기본적인 시각화를 수행하기 전에 전처리 기법에 해당하는 영역으로써, 시각화를 위한 기초 단계입니다. 반드시, 숙지를 잘 하고 넘겨야 할 단원입니다.

[데이터 시각화] 장(章)은 matplotlib API를 사용하여 데이터를 시각화하는 방법을 배우며, 변수의 개수에 따른 형태별 그래프 종류를 우선 살펴 봅니다.
꺾은 선, 산점도, 막대, 파이 그래프, 상자 수염, 히스토그램 등에 대하여 다뤄 보며, 시각화에 사용하는 파일은 '코로나 발생 주요 국가 주간 동향', mpg 데이터 셋을 사용합니다.

[한국 복지 패널 데이터] 장(章)은 한국 복지 패널 데이터와 seaborn 라이브러리를 사용하여 시각화를 실습하는 단원이며, 한국 복지 패널 데이터는 한국 보건 사회 연구원에서 가구의 경제 활동을 연구해 정책 지원에 반영할 목적으로 발간하는 조사 자료입니다.
다양한 시각화를 위하여 데이터의 척도에 대한 개념을 설명하며, 데이터의 척도에 따른 유용한 그래프들을

생성해 봅니다.

[자동차 데이터 셋] 장(章)은 ggplot2에서 제공하는 자동차 연비 관련 데이터 셋인 mpg 데이터 셋을 사용하여 그래프를 그려 봅니다. 역시 seaborn 라이브러리를 사용하도록 합니다.

[특별한 그래프] 장(章)은 자주 사용되지는 않지만, 나름 특별한 형태의 그래프에 대하여 시각화를 수행해 봅니다. 경사 그래프, 리본 박스 그래프, 롤리팝 그래프, 트리맵, Stem 플로팅에 대하여 살펴 봅니다.

감사의 글

항상 나와 함께 해주는 아내에게도 감사드리고, 장인어른과, 하늘에 계신 부모님, 장모님께 고마운 마음을 전해 드립니다.
이러한 책을 잘 출간할 수 있도록 물심 양면으로 지원을 해주신 출판사 관계자 분들께도 깊은 감사를 드립니다.

저자 설 진 욱

자료
다운로드

본격적으로
공부를 시작하기 전에!

① 아이콕스 홈페이지(http://icoxpublish.com)로 접속합니다.

② 상단메뉴 [자료실 > 도서부록소스] 순으로 메뉴를 클릭하여 해당 자료실로 이동합니다.

③ 열린 [도서부록소스] 게시판 목록에서 해당하는 도서를 찾아 자료를 다운로드합니다.

CONTENTS

Chapter. 01

파이썬
프로그래밍
개요

SUMMARY

파이썬 프로그래밍을 수행하기 위해서는 관련 프로그램을 설치해야 합니다.
이번 장에서는 Python 프로그래밍의 개요 및 간략한 특징에 대하여 살펴 보도록 하겠습니다.
그리고, Python으로 할 수 있는 일과 Python이 사용되는 영역을 살펴 봅니다.
Python 프로그램을 설치하는 요령과, 환경 설정 및 통합 개발 도구인 PyCharm을 설치하고 설정·실행하는 방법에 대하여 살펴 보도록 하겠습니다.

과거와는 달리 최근에는 인터넷 매체의 발달로 인해 IT 업계에도 많은 변화가 일어나고 있습니다.

네트워크 환경이 복잡해지고, 엄청나게 많은 자료가 인터넷 등을 통해 떠돌아다니고 있는 것이 현실입니다.

이전에 존재하지 않던 BigData라는 신규 용어도 생겼습니다.

이러한 BigData 시대에 프로그래밍 언어 역시 변화가 있어야 합니다.

특히 최근에 다른 프로그래밍 언어보다 더 각광을 받고 있는 언어가 바로 Python입니다.

자바나 C언어 등과 비슷한 시기에 개발된 언어였지만 초기에는 하드웨어가 그리 발달되어 있지 않아서 그다지 많은 주목을 받지 못하였습니다.

머신 러닝이 이슈화가 되면서 Python 언어가 가장 관심을 받는 언어로 자리 잡기 시작하였습니다.

1.1 Python의 개요

파이썬(Python)은 1990년 네덜란드 국적의 프로그래머인 귀도 반 로섬(Guido van Rossum)이 발표한 인터프리터 언어입니다.

Python이라는 용어는 귀도가 좋아하는 코미디 쇼인 <Monty Python's Flying Circus>에서 차용해온 용어입니다.

Python의 사전적인 의미는 고대 신화에 나오는 파르나소스산의 동굴에서 살던 큰 뱀을 의미합니다.

* 귀도의 개인 홈페이지 : https://www.python.org/~guido/

1.2 Python의 특징

모든 프로그램 언어들이 그러하듯이 파이썬만의 특징들을 가지고 있습니다.
파이썬 언어에 대한 여러 가지 특징을 다음과 같이 열거해 봅니다.

1.2.1 주요 특징

대화식 인터프리터 방식의 코드 변환을 합니다.
모듈 단위로 파일이 저장됩니다.
객체 내의 멤버에 접근 제한이 없어 접근성이 좋습니다.
소스 코드가 실행이 될 때 자료형을 검사하는 동적 타이핑(dynamic typing)을 수행합니다.
high-level의 참조 자료형(list, tuple, set, dict)을 제공합니다.
Garbage Collection이 제공되므로 개발자가 별도의 메모리 관리를 수행할 필요가 없습니다.
다른 언어와의 결합도가 높은 우수한 확장성을 갖고 있습니다.

1.2.2 쉬운 문법

Python은 문법 자체가 간결하여 인간의 사고방식과 매우 유사합니다.
배우기가 쉽고, 활용하기에 좋도록 간단하고 쉬운 문법을 제공합니다.

1.2.3 무료 프로그램

오픈 소스인 Python은 무료 프로그램이며, 프로그래머가 구현하고자 하는 거의 대부분의 프로그램을 작성할 수 있습니다.
또한 시스템 프로그래밍이나 하드웨어 제어와 같은 Python으로 구현이 힘든 내용들은 외부 프로그램으로 만들어서 Python에 포함할 수 있는 기능을 가지고 있습니다.
일반적으로 C 프로그램으로 만든 것이 주를 이룹니다.

1.2.4 간결성

귀도 반 로섬은 Python 프로그램을 간결하게 만들었습니다.
간결성을 추구하는 프로그램은 이해도가 높아지고 가독성이 향상되어 공동 작업과 유지 보수 등을 쉽게 만들어 줍니다. 예를 들면 다른 프로그램에서 보이는 중괄호, 소괄호 등을 가급적이면 사용하지 않습니다.

또한, Python은 들여 쓰기 등, 줄을 맞추는 작업을 제대로 하지 않으면 프로그램 실행이 되지 않습니다. 줄을 맞추지 않는 행위를 강제로 제어하게 되면 가독성에 큰 도움이 됩니다.

1.2.5 개발 속도의 신속성

운영 체제의 종류에 상관없이 모든 운영 체제(플랫폼)에 독립적입니다.

개발 기간 단축에 초점을 맞춘 언어로 개발 효율성이 좋습니다.

모듈 단위로 코드를 쉽게 작성하고 결합할 수 있어 분업화가 효과적입니다.

수많은 라이브러리가 오픈 소스로 제공됩니다.

1.3 Python의 종류

파이썬에는 많은 종류의 파이썬 언어가 있습니다.

다음은 대표적인 파이썬의 유형들입니다.

항목	설명
C파이썬	C로 작성된 인터프리터로 일반적인 파이썬을 말합니다.
스택리스 파이썬	C 스택을 사용하지 않는 인터프리터입니다.
자이썬	자바 가상 머신 용 인터프리터입니다. 과거에는 제이-파이썬(JPython)이라고 했습니다.
IronPython	닷넷(.NET) 플랫폼 용 인터프리터입니다.
PyPy	파이썬으로 작성된 파이썬 인터프리터입니다.

1.4 Python의 사용처

특정한 프로그래밍 언어가 어떠한 용도로 사용되고 있는지를 이해하는 것은 매우 중요합니다.

이번 절에서는 Python으로 사용 가능한 영역과 불가능한 영역에 대하여 살펴보도록 합니다.

1.4.1 파이썬으로 할 수 있는 것

Python으로 처리할 수 있는 것은 매우 많습니다.
그림과 같은 용도로 사용 가능합니다.

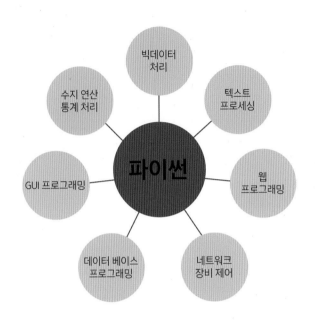

▶ **시스템 유틸리티 제작**

Python에서 운영 체제의 시스템 명령어를 사용할 수 있습니다.
유틸리티란 컴퓨터를 사용함에 있어 여러 가지 도움을 줄 수 있는 프로그램을 말하는 데,
Python은 시스템 명령어를 이용하여 유틸리티를 만들 수 있습니다.

▶ **GUI 프로그래밍**

메인 윈도우 화면에 창을 만들고, 메뉴/버튼/라디오 버튼 등을 추가하고, 이 항목들에 대
한 이벤트 프로그램을 구현하는 프로그램을 의미합니다.
Tkinter(티케이인터), wxPython, pyQt 등의 프로그램이 존재합니다.
Tkinter는 기본으로 내장되어 있는 모듈입니다.

▶C/C++과의 결합

C/C++ 등에서 만든 프로그램을 Python에서 사용할 수 있습니다.

▶ 웹 프로그래밍

인터넷 웹 브라우저 등을 이용하여 게시물을 남기거나 상품을 구매해 본 경험이 있을 겁니다.

그러한 게시물이나 쇼핑몰을 구현한 프로그램을 웹 프로그래밍이라고 합니다.

플라스크(Flask)나 장고(Django) 파이썬 웹 프레임 워크를 사용하여 웹 프로그램을 구현할 수 있습니다.

▶ 수치 연산 프로그래밍

Python에는 Numpy라는 수치 연산 모듈(Numeric Python 모듈)을 제공합니다.

이 모듈 역시 C 언어로 작성이 되었기 때문에 빠른 수치 연산을 수행할 수 있습니다.

▶ 데이터 베이스 프로그래밍

sqlite, Oracle, Myql, MariaDb, Sybase, Informix 등의 RDBMS에 접근을 수행하기 위한 도구를 제공합니다.

sqlite는 기본으로 내장되어 있는 모듈입니다.

▶ 데이터 분석, 사물 인터넷

Pandas 모듈을 사용하면 데이터 분석을 보다 더 효과적으로 처리할 수 있습니다.

사물 인터넷은 빅데이터 시대의 핵심 기술로 사람들의 생활 속에 더욱 깊이 다가오는 기술입니다.

또한 파이썬은 라즈베리 파이(Raspberry Pi)에서 사용하고 있는 프로그래밍 언어인 만큼 사물 인터넷((Internet of Things, 약어로 IoT)에서도 인기를 얻고 있습니다.

1.5 Python 설치하기

Python 실행을 위한 설치 방법은 매우 다양합니다.

운영 체제에 따라 설치 방법의 차이가 있고, Python 버전에 따른 설치 파일의 종류에도 차이도 있습니다.

또한 Python 코딩을 위한 편집기 툴의 선택에 있어서 선호하는 적당한 방법과 툴을 찾는 것이 중요합니다.

1.5.1 홈페이지를 이용한 Python 설치

윈도우 운영 체제에 대한 프로그램 설치를 시작하겠습니다.

https://www.python.org에서 python 설치 파일을 다운 받습니다.

만약 최신 버전 보다 하위의 버전의 Python을 설치하고 싶다면, 다운로드 메뉴에서 All releases를 클릭하여 원하는 버전을 다운 받으면 됩니다.

이 책의 실습을 위하여 윈도우 64bit용 Python 3.8.5를 다운 받아 실습하도록 하겠습니다.

python-3.8.5.exe를 다운 받았으면 해당 파일을 실행해 설치 순서를 따라 설치하면 됩니다.

설치 폴더는 Python 설치 과정에서 제공하는 기본 폴더를 사용할 수도 있습니다.

경우에 따라서는 자신이 원하는 폴더에 설치할 수 있는데, 여기서는 설치 폴더를 개발자가 임의로 지정하기 위하여 그림과 같이 "Customize installation"를 선택해 주고 자신이 원하는 폴더를 지정해 주면 됩니다.

① 개발자가 임의의 지정 경로에 설치를 하기 위하여
[Customize installation]을 클릭합니다.

② 관련 문서 및 pip 등에 대한 체크 박스를 모두 기본 값으로 둔
상태에서 [Next] 버튼을 클릭하여 다음 단계로 이동합니다.

참고로 pip는 파이썬을 위한 package installer입니다.

③ 설치할 폴더를 지정하는 화면입니다. 한글 폴더 또는 띄
어쓰기가 된 폴더에 설치해도 된다고 하나, 필자의 경험
으로는 패키지나 외부 모듈 설치 시 문제가 발생할 수
있습니다.
따라서, 다음과 같이 지정된 경로에 설치하도록 하겠습
니다.

④ 설치가 진행되고 있으면, 다음과 같이 진행바(Progress
Bar)이 보일 것입니다.

⑤ 성공적으로 Setup이 끝났음을 알려 주고 있습니다.
[Close] 버튼을 클릭하여 프로그램 설치를 마무리합니다.

1.5.2 Python을 위한 환경 변수 설정하기

Python 설치가 끝났으니 환경 변수 설정을 하도록 합니다.

차후에 파이썬 외부(Third Party) 패키지를 사용하려면 pip라는 프로그램으로 주로 설치를 하게 됩니다. pip 명령어는 주로 cmd 창에서 많이 실행하게 되는 데, 운영 체제에게 Python의 일부 폴더에 대해 경로(path) 설정을 지정해 주어야 설치하는 데 문제 사항이 없습니다.
이러한 경로 설정은 경로에 대한 정보를 저장하고 있는 '환경 변수'에 설정해 주면 됩니다.

그럼 지금부터 '환경 설정'을 위한 셋팅을 해보도록 하겠습니다.
우리는 Python을 C:₩Python385이라는 폴더에 설치했습니다.
따라서, 환경 변수 영역에 'C:₩Python385'과 'C:₩Python385₩Scripts'라는 두 개의 폴더를 시스템 Path 변수에 경로를 추가해 주면 됩니다.

다음과 같은 순서대로 진행하시면 됩니다.

① 실행 입력창에 윈도우의 <시스템 속성> 창을 호출하는 명령어 'sysdm.cpl'를 입력합니다.

② [고급] 탭으로 이동하여 [환경 변수] 버튼을 클릭합니다.

③ [시스템 변수] 편집 창이 뜨면 변수 이름이 Path인 곳을 클릭하고 [편집] 버튼을 누릅니다.

④ 처음에 'C:₩Python385;C:₩Python385₩Scripts;'와 같이 경로를 추가해 줍니다.

윈도우 시스템 속성에 경로 지정이 완료되면 Python 실습을 할 수 있는 기본적인 준비 과정은 모두 끝나게 됩니다.

정상적으로 설정이 되었는지 확인하려면 cmd 창을 이용하면 됩니다.
cmd 창에서 path 라는 키워드를 입력하면 다음 화면과 같이 Path의 가장 맨 앞에 'C:\Python385;C:\Python385\Scripts;…'으로 설정되어 있는지 확인하면 됩니다.

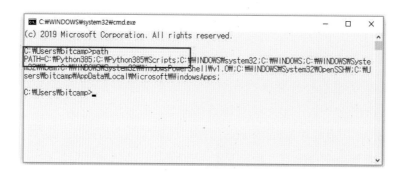

여기까지 성공적으로 진행하였다면 Python 실습 가능한 상태가 됩니다.

1.6 파이썬의 코딩 구조

파이썬과 다른 언어의 차이점은 코딩 구조입니다.
for 구문을 예로 들면, 기존의 구조적 프로그래밍 언어에서는 중괄호를 이용하여 시작과 끝을 알려 주어야 했습니다.
이런 엄격한 구조는 개발자로 하여금 코딩을 많이 해야 하는 부담이 있었습니다.

파이썬에서는 코드의 구조를 정의하기 위해 기호 대신에 들여 쓰기를 사용합니다.
자바나 C와 같은 언어에서 코드 블록을 열거나 닫기 위하여 사용하는 중괄호 대신 파이썬에서는 공백을 사용하며 이는 코드를 가독성을 높여 주고, 코드 내에서 기호 사용을 줄여 줍니다.

1.7 Jupyter Notebook

쥬피터 노트북은 오픈 소스로써 파이썬 코드에 대한 수식, 코멘트 등을 꾸며 주는 웹 애플리케이션입니다.

웹 브라우저에서 수행 가능한 대화형 파이썬 환경을 말합니다.

코드 및 수식과 시각화된 데이터들을 한꺼번에 저장하고, 공유할 수 있도록 해줍니다.

수행한 코드들을 인라인 형식으로 보여 줍니다.

사용 분야
데이터 cleaning과 변형(transformation) 수치 시뮬레이션(numerical simulation) 통계학적 모델링 데이터 시각화 머신 러닝 등등

1.7.1 쥬피터 노트북 설치

쥬피터 노트북를 사용하려면 관련 패키지를 설치하여야 합니다.

윈도우 커맨드 창에서 다음과 같이 입력하여 jupyter을 설치합니다.

설치를 하려면 'pip install ' 명령어로 수행하면 되고, 해제는 install 대신 'uninstall' 명령어를 사용하면 됩니다.

쥬피터 노트북 설치하기
pip install jupyter

설치가 완료된 후 실행을 하려면 cmd 창에서 명령어 "jupyter notebook"를 입력하고 엔터 키를 누르면 실행이 됩니다.

참고로 필자는 일반적으로 다음과 같이 파일 형식으로 만들어서 사용을 하고 있습니다.

파일 이름은 임의로 정하되, 확장자는 bat 파일로 만듭니다.

data_visual.bat
f: cd F:\00.python\02.책 집필하기\04.데이터 시각화\data_visual jupyter notebook

1.7.2 새 노트 만들기

Jupyter Notebook는 노트 내부에서 프로그램 또는 도큐먼트를 만들 수 있습니다.
"New" 버튼을 클릭하고, "Python3"를 선택합니다.
참고로 파일의 확장자는 'ipynb'입니다.

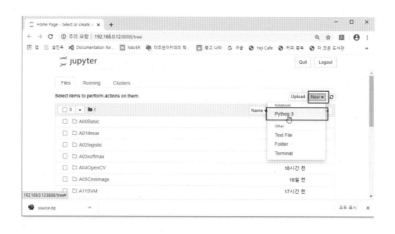

새로운 노트가 만들어지면 In[]이라는 레이블과 함께 텍스트 상자가 나옵니다.
입력이 되는 칸을 셀(cell)이라고 부르며, 셀에는 파이썬 코드뿐만 아니라 일반적인 수식
을 입력할 수 있습니다.

셀에 파이썬 코드를 입력하고 해당 코드를 실행하려면 메뉴 [Cell]-[Run Cells]을 클릭하
거나 단축키 [Ctrl + Enter]을 클릭하면 됩니다.

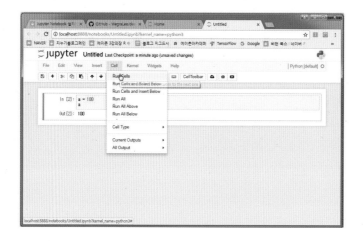

새로운 Cell을 추가하려면 단축키 [Shift + Enter]을 사용하거나 메뉴 [Insert]-[Insert Cell Below]를 클릭하면 됩니다.
이전 셀을 지우고자 하는 경우에는 메뉴 [Edit]-[Delete Cells]를 클릭하면 됩니다.

셀은 다음과 같이 2가지 모드가 존재합니다.
셀의 태그 주위(In[번호] 또는 Out[번호])를 클릭하면 파란색으로 변경이 되는 데 이를 명령 모드(Command Mode)라고 합니다.
셀의 삭제/복사/추가 등 셀을 조작할 수 있는 모드를 의미합니다.
명령 모드에서 [A]를 누르면 현재 위치 바로 위에 새로운 셀을 추가할 수 있습니다.
[B]를 누르면 현재 위치 바로 아래에 새로운 셀을 추가할 수 있습니다.

코드가 들어 있는 부분은 클릭하면 테두리가 녹색으로 변경이 되는 데 이를 편집 모드 (Edit Mode)라고 합니다.
편집 모드는 셀에 코드나 수식을 입력할 수 있는 모드입니다.

Command Mode

Edit Mode

명령 모드에서 H를 누르면 여러 가지 단축키 목록을 확인할 수 있습니다.

1.7.3 주석과 문서 입력하기

주석이나 문서를 프로그램 사이에 추가하는 것도 가능합니다.

머신 러닝과 관련된 작업을 수행할 때 중간중간에 메모, 아이디어 등을 적을 수 있습니다.

마크 다운(MarkDown)이란 쥬피터 노트북에서 사용하는 텍스트 형식의 메모입니다.

메뉴 [Cell]-[Cell type]-[Markdown]을 클릭합니다.

Markdown 모드가 되고, 일반적인 문장을 입력할 수 있습니다.

또한, 문자열의 맨 앞에 [#]을 입력하고, 제목을 입력할 수 있습니다.

1.7.4 노트 저장하기

노트를 저장하려면 화면 위의 저장 버튼을 클릭하거나, [File]-[Save And Checkpoint]를 클릭합니다.

저장을 하면 체크 포인트가 만들어집니다.

Checkpoint는 나중에 다시 복귀할 수 있는 지점이 됩니다.

1.7.5 출력이 제대로 되지 않는 경우

Jupyter 환경의 장점은 이미 실행한 내용을 다시 실행할 수 있다는 것입니다.
다만, 여러 번 반복하다 보면 출력이 이상하게 나오는 경우가 있는데 해결 방법은
[Kernel]-[Restart] 메뉴를 이용하면 해결이 됩니다.

1.7.6 데이터 시각화

matpolotlib를 이용하여 데이터 시각화 결과를 인라인 출력으로 확인 가능합니다.

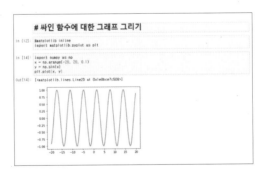

1.7.7 ipynb2py

Jupyter Notebook 형식으로 저장된 파일의 확장자는 'ipynb'입니다.
이것을 python 텍스트 파일 형식으로 변경하려면 다음 문장을 사용하면 됩니다.

변경 방법

\# cmd 창에서 다음과 같이 작성합니다.
\# 다음 문장은 abcd.ipynb 파일을 abcd.py 파일로 변경하는 예시입니다.

jupyter nbconvert --to script abcd.ipynb

쥬피터 노트북에서 변경하려면 다음과 같이 실행하면 됩니다.
'다운로드' 폴더에 해당 파일이 생성됩니다.

1.8 통합 개발 도구(IDE)를 사용한 Python 실행

이제 Python을 실행해 보도록 합시다.
Python은 인터프리터 언어이고, 실행하는 가장 간단한 방법은 대화형 모드와 스크립트
모드라는 것이 존재합니다.
하지만, 어느 정도 크기의 프로젝트를 진행하려고 한다면 단순 대화형이나 스크립트 모
드로는 운영하기가 좀 힘듭니다.
우리는 통합 개발 환경을 지원하는 PyCharm(파이참)이라는 Tool을 사용하여 파이썬을
실행하도록 하겠습니다.

통합 개발 환경(Integrated Development Environment, IDE)이란 코딩, 디버그, 컴파일, 배포 등 프로그램 개발에 관련된 모든 작업을 하나의 프로그램 안에서 처리하는 환경을 제공하는 소프트웨어를 말합니다.

이전의 소프트웨어 개발에서는 컴파일러, 텍스트 편집기, 디버거 등을 따로 사용했었습니다. 이러한 프로그램들을 하나로 묶어 대화형 인터페이스를 제공한 것이 통합 개발 환경입니다.

파이썬에 많이 사용되는 IDE는 PyCharm, Eclipse, Visual Studio 등이 있습니다. 우리는 PyCharm을 설치해 보도록 하겠습니다.

1.8.1 PyCharm 설치

파이참 홈페이지(https://www.jetbrains.com/pycharm/)로 접속을 합니다.

① 우측 상단의 [Download] 버튼을 클릭하여 다음 페이지로 이동합니다.

② 상용 버전이 아닌 무료 버전 Community 항목의 [Download] 버튼을 클릭하고, 다음 페이지로 이동합니다.

그러면, 다음 페이지로 이동이 되면서 컴퓨터가 자동으로 설치 프로그램을 다운로드 받아 줍니다.

③ 다운로드 받은 파일을 더블 클릭하여 설치를 시작합니다.
환영 메시지와 함께 설치 가이드라인을 보여 주는 화면입니
다. [Next] 버튼을 눌러서 다음 페이지로 이동합니다.

④ 설치 경로를 선택하는 화면입니다.
기본 값만 확인하고 [Next] 버튼을 눌러서 다음 페이지로
이동합니다.

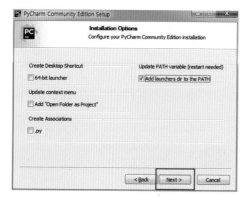

⑤ 설치와 관련된 부가적인 옵션입니다.
기본 값으로 [Next] 버튼을 눌러서 다음 페이지로 이동합
니다.

⑥ 시작 화면에 보이는 문구를 설정하는 화면입니다.
'JetBrains'를 설치자가 알아보기 쉽게 다른 이름으로 변
경 가능합니다.
기본 값으로 남겨 두고 [Install] 버튼을 눌러서 다음 페이
지로 이동합니다.

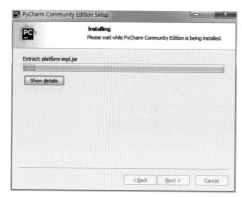

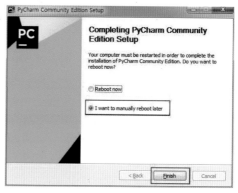

⑦ 설치가 진행되며, 그림과 같이 진행바(Progress Bar)가 보
일 것입니다.

⑧ 재부팅 옵션을 물어보는 화면입니다.
지금 당장 재부팅 또는 차후에 부팅을 할 수 있습니다.
우리는 [차후 부팅]을 할 것이므로 그림과 같이 설정한 다음,
[Finish] 버튼을 눌러서 마무리합니다.

1.8.2 PyCharm 설정

파이참 설치가 완료되었습니다.

파이썬 코딩을 위한 기본적인 몇 가지 설정을 해보도록 하겠습니다.

많은설정들이 있으나, 일반적으로 자주 쓰는 기능들에 대한 설정만 살펴보도록 하겠습니다.

① 설정을 위한 화면으로 들어가기 위한 메뉴입니다.
단축키, Ctrl + Alt + S를 눌러서 들어갈 수 있습니다.

② [Keymap] 메뉴는 단축키를 재지정해 주는 메뉴입니다.
개인적으로 자주 쓰는 단축키가 있으면 설정하시면 됩니다.
단, 동일한 단축키를 2군데 이상 중복할 수 없습니다.

③ 글꼴을 지정하는 메뉴입니다
개인적으로 선호하는 글꼴과 적절한 크기를 입력하면 됩니다.

④ 문자열 인코딩에 대한 메뉴입니다.
다국어 지원 및 한글 글자 깨짐을 막기 위하여 'UTF-8'으로
지정하시길 바랍니다.

1.8.3 PyCharm 실행

이제 파이참을 실행해보도록 하겠습니다.

최초로 실행하면 다음과 같은 화면이 로딩됩니다.

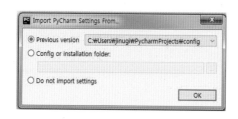

① 최초로 파이참을 실행하면 로딩되는 화면입니다. 이전 설정 정보가 없으므로, 라디오 버튼 [Previous Version] 을 클릭하고, [Ok] 버튼을 클릭합니다.

② JetBrains Privacy Policy 정책에 대한 확인 대화 상자입니다. 체크 박스를 체크하고, [Continue] 버튼을 눌러 계속 진행합니다.

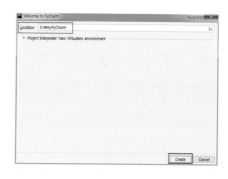

③ 새로운 프로젝트를 생성하기 위하여 [Create New Project] 를 클릭합니다.

④ 소스 코드가 저장될 경로를 지정합니다. 경로를 지정한 다음 [Create] 버튼을 눌러서 다음으로 진행합니다.

⑤ 가상 환경을 생성하고, 시작 시 도움말을 매번 볼 것인지를 지정하는 항목입니다. [Next Tip] 을 클릭하면 다음 도움말을 확인할 수 있습니다. 개인적으로 잘 쓰지 않는 기능입니다. [Close] 버튼을 클릭하여 창을 닫습니다.

⑥ 짧은 코딩을 해보도록 하겠습니다. [File]-[New] 메뉴를 클릭하면 로딩되는 화면입니다. [Python file]을 클릭하고, 파일 이름을 first test로 입력합니다. 그러면 first test.py 파일이 자동으로 생성됩니다.

다음과 같이 코딩합니다.

코딩을 한 화면에서 마우스 우측 클릭을 하게 되면, 그림과 같이 화면이 보입니다.

Run 'first test'를 클릭하면, 실행 결과가 하단의 Console 창에 보입니다.

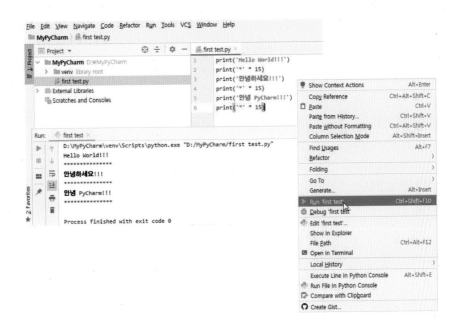

요 약

파이썬(Python)은 귀도 반 로섬이 발표한 인터프리터 언어입니다.

파이썬(Python)은 다음과 같은 특징들을 가지고 있습니다.

- 쉬운 문법입니다.
- 무료 프로그램입니다.
- 간결합니다.
- 개발 속도를 빠르게 할 수 있습니다

파이썬의 종류는 C파이썬/스택리스 파이썬/자이썬/IronPython/PyPy등이 있습니다.
파이썬으로 할 수 있는 일은 다음과 같습니다.

- 시스템 유틸리티 제작
- GUI 프로그래밍
- C/C++과의 결합
- 웹 프로그래밍
- 수치 연산 프로그래밍
- 데이터 베이스 프로그래밍
- 데이터 분석, 사물 인터넷

파이썬에 많이 사용되는 IDE는 PyCharm, Eclipse, Visual Studio 등이 있습니다.

Chapter. 02

판다스
패키지

SUMMARY

판다스는 1차원 자료 구조인 Series와 2차원 자료 구조인 DataFrame이라는 자료형을 기본으로 데이터 분석을 위한 파이썬 라이브러리입니다.
기본적인 Python 언어에 대한 숙지를 기본으로 하여 데이터 분석을 수행할 수 있고, 반복되거나 다루기 힘든 항목들을 프로그램화시켜 쉽게 풀어 나갈 수 있는 장점이 있습니다.
이번 장에서는 Series와 DataFrame에 대한 기본적인 읽기/쓰기에 대하여 살펴 보도록 합니다.
2개 이상의 파일을 병합하는 방법 및 그룹핑에 개념들을 살펴 보고자 합니다.
좀더 상세한 공부를 하려면 https://pandas.pydata.org/pandas-docs/stable/genin-dex.html 사이트를 참조하시길 바랍니다.

pandas는 Python 프로그래밍 언어 기반에서 만들어진 데이터 분석과 조작을 위한 Tool 입니다.

open source로 되어 있고, 빠르며 강력하고 사용하기 쉬운 패키지입니다.

pandas는 고 수준의 자료 구조와 파이썬을 통한 빠르고 쉬운 데이터 분석을 위한 여러 가지 도구들을 포함하고 있습니다.

pandas는 파이썬을 강력하고 생산적인 데이터 분석 환경으로 만드는 데 반드시 필요합니다.

numpy를 기반으로 개발이 되어 numpy를 사용하는 애플리케이션에서 쉽게 사용 가능합니다.

pandas는 다음과 같은 유형의 데이터에 적합합니다.

판다스의 적합 분야
SQL table or Excel spread sheet처럼 여러 가지 자료형의 컬럼으로 구성된 표 형태의 데이터 정렬 혹은 비정렬된 time series data 행과 열 방향으로 labeled되어 있는 임의의 행렬 데이터 다른 형태의 관측된 또는 통계 데이터 셋

pandas에는 중요한 2가지 데이터 구조가 있습니다.

1차원 데이터 구조인 Series와 2차원 데이터 구조인 DataFrame입니다.

이러한 데이터 구조는 경제, 통계, 사회 과학, 그리고 다양한 영역의 공학 등에 중요하게 많이 사용되고 있는 자료 구조입니다.

차원	이름	설명
1	Series	동일한 데이터 타입을 저장하고 있는 1차원 배열
2	DataFrame	일반적으로 레이블화 되어 있는 2차원 자료 구조로써, 서로 다른 타입의 여러 컬럼으로 구성이 되어 있습니다.

다음은 pandas의 주요한 기능입니다.

판다스의 주요 기능

numpy의 고성능 배열 계산 기능
산술 연산과 한 축의 모든 값을 더하는 등의 축약 연산 기능
label 기반의 큰 데이터 셋에 대한 재배치/재색인/집계/부분 집합 구하기 기능
누락된 데이터를 유연하게 처리할 수 있는 기능
SQL과 같은 관계형 데이터 베이스의 유연한 조작 기능
데이터 셋의 직관적인 병합 기능(merging and joining)
데이터 셋의 pivoting과 유연한 형상 변경 기능
고성능 시계열 처리 기능/금융 데이터 분석
집계와 변형을 위한 group by 기능
축(axes)방향으로 계층적 구조의 데이터 multiple labeling

2.1 Series(시리즈)

동일한 데이터 타입을 저장하기 위한 일련의 객체를 담을 수 있는 1차원 배열 같은 자료 구조입니다.
데이터 색인을 지정하지 않으면 0부터 시작하는 정수의 값으로 자동 설정이 됩니다.
인덱스를 이용하여 순서대로 배열됩니다.

기본적으로 시리즈는 연산을 수행하기 전에 자동으로 정렬이 이루어집니다.

항목	설명
| ```python
import numpy as np
import pandas as pd

sdata = [2000.0, 3000.0,4000.0, np.nan]
city = ['서울', '부산', '울산', '목포']
myseries2 = pd.Series(sdata, index=city)

myseries2.name = '호호호' # 객체 자체의 이름
myseries2.index.name = '크크크' # 색인의 이름
print(  myseries2 )
``` | 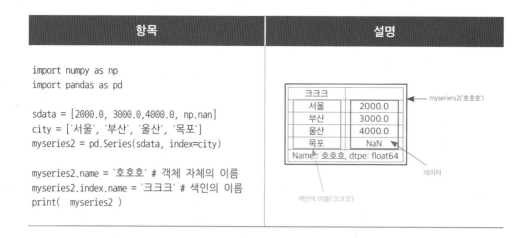 |

2.1.1 시리즈 생성 방법

Series를 생성하기 위한 기본 문형은 다음과 같습니다.

사용 형식
Series(data=None, index=None, dtype=None, name=None, copy=False, fastpath=False) ind예시 : 색인 이름을 지정하고자 하는 경우에 사용합니다.

다음은 Series를 생성하기 위한 여러 가지 방법입니다.

항목	설명
myseries = Series(range(0, 4))	연속된 숫자의 배열을 이용하여 생성합니다.
myseries = Series([4, 5, 6])	Python의 list 구조를 사용할 수 있습니다.
myseries = Series([4, 5, 6], index=['a', 'b', 'c'])	생성시 index를 이용하여 직접 색인을 지정할 수 있습니다.
sdata = {'서울' : 3000, '부산' : 2000} myseries = Series(sdata)	Python의 사전을 이용하여 생성합니다. 사전의 key가 순서대로 색인으로 들어갑니다. 사전(키, 값) → Series(index, value)
```

2.2 Series의 데이터 읽기와 쓰기

Series는 '색인'의 값으로 데이터를 읽어 들일 수 있으며, Slicing도 가능합니다.
또한, 정수형 index를 이용하여 데이터를 조회할 수 있습니다.

그럼 지금부터 시작을 하도록 하겠습니다.
우선 판다스 패키지 부분은 Jupyter Notebook를 사용하여 코딩을 진행하도록 하겠습니다.
차수 데이터 시각화의 막대 그래프 영역부터는 PyCharm을 사용하여 코딩해 보도록 합니다.

실습 문제 ①   seriesReaderWriter01.py

이번 예시에서는 '색인' 또는 숫자형 index를 이용하여 데이터를 읽어 오거나, 쓰는 기능을 살펴 보도록 합니다.

| STEP 01 | 색인을 위한 리스트 myindex와 실제 값을 위한 리스트 mylist를 이용하여 Series를 만듭니다. 해당 시리즈를 출력합니다.

```python
import pandas as pd

myindex = ['서울', '부산', '광주', '대구', '울산', '목포', '여수']
mylist = [50, 60, 40, 80, 70, 30, 20]
myseries = pd.Series(data=mylist, index=myindex)
print(myseries)
```

```
서울      50
부산      60
광주      40
대구      80
울산      70
목포      30
여수      20
dtype: int64
```

| STEP 02 | 색인의 이름으로 값을 읽어 들이고 있습니다.
문자열에 콜론을 연결하여 키를 검색합니다.

콜론을 사용하면 연속적인 데이터를 추출하고, 숫자형과는 다르게 시작과 끝을 모두 포함(대구와 목포 모두 포함됨)합니다.

'대구':'목포'라고 하면 '대구'와 '목포'를 모두 포함시키고, 사이의 모든 항목을 추출합니다.

```
print( ' \n색인의 이름으로 값 읽기 ' )
print(myseries[[ ' 대구 ' ]])
```

```
대구    80
dtype: int64
```

```
print( ' \n라벨 이름으로 슬라이싱 ' )
print(myseries[ ' 대구 ' : ' 목포 ' ])
```

```
대구    80
울산    70
목포    30
dtype: int64
```

| STEP 03 **|** 연속적이지 않고 서로 분리되어 있는 데이터는 콤마를 사용하면 동시에 접근이 가능합니다. 색인은 내부에 정수를 기억하고 있으므로, 정수를 이용하여 접근할 수 있습니다.

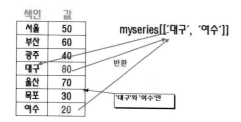

```
print('\n여러 개의 색인 이름으로 데이터 읽기')
print(myseries[['대구', '여수']])
```

```
대구    80
여수    20
dtype: int64
```

```
print('\n정수를 이용한 데이터 읽기')
print(myseries[[2]])
```

```
광주    40
dtype: int64
```

| STEP 04 **|** Series는 슬라이싱 기법도 역시 사용 가능합니다. 0부터 5직전까지 2칸씩 건너 띄면서 데이터를 추출합니다.
콤마를 사용하여 서로 떨어진 있는 항목을 가져올 수 있습니다.

```
print('\n0, 2, 4번째 데이터 읽기')
print(myseries[0:5:2])
```

```
서울    50
광주    40
울산    70
dtype: int64
```

```
print('\n1, 3, 5번째 데이터 읽기')
print(myseries[[1, 3, 5]])
```

```
부산    60
대구    80
```

```
print('\n슬라이싱 사용하기')
print(myseries[3:6]) # from <= 결과 < to
```

```
대구    80
울산    70
목포    30
dtype: int64
```

시리즈 내의 값을 변경하려면 할당 연산자 =의 왼편에 두고, 오른 편에 치환할 값을 입력하면 됩니다. 세부적인 설명은 생략하도록 하겠습니다.

```
print('\n2번째 항목의 값 변경')
myseries[2] = 22

print('\n2번째부터 4번째 까지 항목의 값 변경')
myseries[2:5] = 33

print('\n서울과 대구만 55로 변경')
myseries[['서울', '대구']] = 55

print('\n짝수 행만 77로 변경')
myseries[0::2] = 77
```

| STEP 06 | 최종적인 시리즈의 내용을 출력합니다.

```
print('\n시리즈 내용 확인')
print(myseries)
```

```
서울    77
부산    60
광주    77
대구    55
울산    77
목포    30
여수    77
dtype: int64
```

2.3 DataFrame(데이터 프레임)

2차원 형태의 표(행/열) 구조를 가지는 자료 구조입니다.
행과 열에 대한 인덱스를 가지고 순서대로 배열됩니다.
열 1개가 하나의 Series 구조가 됩니다.

항목	설명

``import pandas as pd
 	
# 표를 만들기 위한 데이터 사전 	
 	
sdata = {'city' : ['서울', '서울', '서울', '부산', '부산'], \
         'year' : [2000, 2001, 2002, 2001, 2002], \
         'pop' : [1.5, 1.7, 3.6, 2.4, 2.9]}
 	
mycolumn = ['city', 'year', 'pop'] # 컬럼
myindex = ['one', 'two', 'three', 'four', 'five'] # row(색인)
myframe = pd.DataFrame(sdata, columns=mycolumn, index = myindex)
print(myframe)```
	<table><tr><th></th><th>City</th><th>Year</th><th>Pop</th></tr><tr><td>One</td><td>서울</td><td>2000</td><td>1.5</td></tr><tr><td>Two</td><td>서울</td><td>2001</td><td>1.7</td></tr><tr><td>Three</td><td>서울</td><td>2001</td><td>3.6</td></tr><tr><td>Four</td><td>부산</td><td>2001</td><td>2.4</td></tr><tr><td>Five</td><td>부산</td><td>2002</td><td>2.9</td></tr></table>

DataFrame은 행 구분자를 의미하는 색인과 열 구분자를 의미하는 라벨 및 자료 등으로 구성이 됩니다.

항목	설명
라벨	자료는 열(column)로 구성되고 각 열은 이름을 가질 수 있습니다. 위의 예시에서 city, year, pop을 의미합니다.
인덱스	다른 포맷(숫자, 문자열, 시간 정보 등등)으로 된 인덱스가 존재합니다. 위의 예시에서 one, two, three 등등입니다.
자료	자료 자체는 여러 가지 형태와 유형(리스트, 튜플, 사전 객체 등등) 등으로 주어질 수 있습니다.

2.3.1 DataFrame 생성 방법

DataFrame를 생성하기 위한 사용 형식은 다음과 같습니다.

사용 형식
DataFrame(data=None, index=None, columns=None, dtype=None, copy=False)

인수	포맷	설명
data	ndarray / dict / DataFrame	DataFrame 자료, dict은 Series, ndarray, list 포함 가능
index	Index / array-like	인덱스(기본 값은 range(n)입니다.)
columns	Index / array-like	열의 제목(기본 값은 range(n)입니다.)
dtype	dtype (기본 값은 None입니다.)	자료형을 특정하는 경우에 사용, 없으면 자료에서 추정
copy	bool (기본 값은 None입니다.)	자료를 copy 하는지의 여부를 지정합니다.

2.4 DataFrame 데이터 읽기와 쓰기

실습 문제 ① dataframeReaderWriter01.py

특정 조건에 맞는 행이나 열을 추출할 수 있습니다.
iloc( ) 함수는 행 번호를 기준으로 행을 추출해 주는 함수입니다.
유사한 함수로 loc( ) 함수도 행과 열의 위치(location)를 찾아 줍니다.
다양한 방식으로 데이터를 추출해 보도록 하겠습니다.

all( ) 함수는 행이나 열을 따라서, 모든 조건식이 True일 때만 True를 반환해 주는 함수입니다.
any( ) 함수는 행이나 열을 따라서, 임의의 조건식이 하나라도 True이면 True를 반환해 주는 함수입니다.

```
import numpy as np
import pandas as pd
```

| STEP 01 **|** 데이터 프레임을 생성하기 위한 색인, 컬럼, 데이터에 대한 변수들에 값을 설정합니다.

```
myindex = [ '이순신', '김유신', '강감찬', '광해군', '연산군' ]
mycolumns = [ '서울', '부산', '광주', '목포', '경주' ]
mylist = list( 10 * onedata for onedata in range(1, 26))
print(mylist)
```

[10, 20, 30, 40, 50, 60, 70, 80, 90, 100, 110, 120, 130, 140, 150, 160, 170, 180, 190, 200, 210, 220, 230, 240, 250]

| STEP 02 **|** 위의 변수들을 이용하여 DataFrame을 생성합니다.

```
myframe = pd.DataFrame(np.reshape(mylist, (5, 5)),
                       index=myindex,
                       columns = mycolumns)
print(myframe)
```

	서울	부산	광주	목포	경주
이순신	10	20	30	40	50
김유신	60	70	80	90	100
강감찬	110	120	130	140	150
광해군	160	170	180	190	200
연산군	210	220	230	240	250

| STEP 03 **|** iloc 함수는 행 인덱스 번호를 기준으로 행을 추출해주는 함수입니다. 예시에서는 1행을 추출하고 있습니다.

```
print( '\n# 1 행만 Series로 읽어 오기')
result = myframe.iloc[1]
print(type(result) )
print( result )
```

```
서울        60
부산        70
광주        80
목포        90
경주       100
Name: 김유신, dtype: int32
```

| STEP 04 | 콤마를 사용하면, 서로 떨어져 있는 행 정보를 동시에 추출할 수 있습니다.

```
print( '\n# 몇개의 행을 읽어 오기' )
result = myframe.iloc[[1,3]]
print(type(result))
print(result)
```

	서울	부산	광주	목포	경주
김유신	60	70	80	90	100
광해군	160	170	180	190	200

| STEP 05 | 슬라이싱 기법을 이용하여 짝수 행만 추출합니다.

```
print( '\n# 짝수행만 가져 오기' )
result = myframe.iloc[0::2]
print(result)
```

	서울	부산	광주	목포	경주
이순신	10	20	30	40	50
강감찬	110	120	130	140	150
연산군	210	220	230	240	250

| STEP 06 | loc 속성은 라벨을 이용하여 행을 추출합니다.
'이순신' 행만 추출하고, 반환되는 타입은 Series입니다.

```
print('\n# 홀수행만 가져 오기')
print('\n# 이순신 행만 Series로 읽어 오기')
result = myframe.loc['이순신']
print(type(result))
print(result)
```

```
서울      10
부산      20
광주      30
목포      40
경주      50
Name: 이순신, dtype: int32
```

| STEP 07 | loc 속성에서 대괄호를 2개 사용하면 DataFrame을 반환해 줍니다.

```
print('\n# 이순신 행만 DataFrame으로 읽어 오기')
result = myframe.loc[['이순신']]
print(type(result))
print(result)
```

	서울	부산	광주	목포	경주
이순신	10	20	30	40	50

| STEP 08 | loc 속성 및 콤마를 사용하여 2개 이상의 데이터를 반환해 줍니다.

```
print('\n# 강감찬와 이순신 행 읽어 오기')
result = myframe.loc[['이순신', '강감찬']]
print(type(result))
print(result)
```

	서울	부산	광주	목포	경주
이순신	10	20	30	40	50
강감찬	110	120	130	140	150

| STEP 09 **|** 데이터 프레임에 대한 색인 정보를 조회해 봅니다.

데이터 프레임에서 복원 추출로 임의의 사람 3명에 대한 정보를 추출해 보세요

np.random.choice() 함수는 복원 추출을 수행해주는 함수입니다.

데이터 프레임의 색인 정보에서 3개를 복원 추출하여 mytarget 변수에 저장합니다.

```
print(myframe.index)
print('-' * 40)
```

```
Index(['이순신', '김유신', '강감찬', '광해군', '연산군'], dtype='object')
```

```
mytarget = np.random.choice(myframe.index, 3)
print(mytarget)
print('-' * 40)
```

```
array(['김유신', '강감찬', '김유신'], dtype=object)
```

| STEP 10 **|** result 변수는 mytarget 변수를 loc 속성에 대입하여 3행의 데이터를 추출하여 출력하고 있습니다.

```
mytarget = np.random.choice(myframe.index, 3)
print(mytarget)
print('-' * 40)
```

	서울	부산	광주	목포	경주
김유신	60	70	80	90	100
강감찬	110	120	130	140	150
김유신	60	70	80	90	100

| STEP 11 **|** loc 속성은 [[행목록], [열목록]] 형식으로 데이터를 읽어 옵니다.

'강감찬'의 '광주' 지역의 '실적' 정보를 읽어 옵니다.

```
print('\n# 강감찬의 광주 실적 정보 가져 오기')
result = myframe.loc[['강감찬'], ['광주']] # DataFrame
print(result)
```

	광주
강감찬	130

| STEP 12 | '연산군'와 '강감찬'의 '광주/목포' 정보를 읽어 옵니다.

```
print( '\n# 연산군와 광해군의 광주/목포 정보 가져 오기 ')
result = myframe.loc[[ ' 연산군 ' , ' 강감찬 ' ], [ ' 광주 ' , ' 목포 ' ]]
print(result)
```

	광주	목포
연산군	230	240
강감찬	130	140

| STEP 13 | 연속적인 데이터는 콜론을 사용하여 정보를 읽어 옵니다.
단, 문자열인 경우 양쪽 모두를 포함합니다.
예를 들어서, '김유신':'광해군'은 '김유신' 행부터 '광해군'행까지 모두를 의미합니다.

```
print( '\n# 연속적인 데이터 가져 오기 ')
result = myframe.loc[ ' 김유신 ' : ' 광해군 ' , ' 광주 ' : ' 목포 ' ]
print(result)
```

	광주	목포
김유신	80	90
강감찬	130	140
광해군	180	190

| STEP 14 | '김유신'부터 '광해군'까지의 '부산' 실적 정보를 읽어 옵니다.

```
print( '\n# 김유신~광해군까지 부산 실적 정보 가져 오기 ')
result = myframe.loc[ ' 김유신 ' : ' 광해군 ' , [ ' 부산 ' ]]
print(result)
```

	부산
김유신	70
강감찬	120
광해군	170

| STEP 15 **|** Boolean 값으로 데이터를 읽어올 수 있습니다.

```
print( '\n# Boolean으로 데이터 처리하기 ')
result = myframe.loc[[False, True, True, False, True]]
print(result)
```

	서울	부산	광주	목포	경주
김유신	60	70	80	90	100
강감찬	110	120	130	140	150
연산군	210	220	230	240	250

| STEP 16 **|** 관계 연산자를 사용하여 '부산'의 실적이 100이하인 항목들을 조회합니다.

```
print( '\n# 부산 실적이 100이하인 항목들 ')
result = myframe.loc[ myframe[ ' 부산 ' ] <= 100 ]
print(result)
```

	서울	부산	광주	목포	경주
이순신	10	20	30	40	50
김유신	60	70	80	90	100

| STEP 17 **|** '목포'의 실적이 140인 항목들을 조회합니다.

```
print( '\n# 목포 실적이 140인 항목들 ')
result = myframe.loc[ myframe[ ' 목포 ' ] == 140 ]
print(result)
```

	서울	부산	광주	목포	경주
강감찬	110	120	130	140	150

| STEP 18 | '부산' 실적이 70 이상, '목포' 실적이 140 이상인 항목을 각각 구하여, all( ) 함수와 any( ) 함수에 대하여 적용해 봅니다.

'부산' 실적이 70이상인 조건은 변수 cond1에 저장합니다.

cond1는 각 행에 대하여 참/거짓에 대한 진위 값을 저장합니다.

cond2 역시 각 행에 대하여 참/거짓에 대한 진위 값을 저장합니다.

```
cond1 = myframe[ '부산' ] >= 70
cond2 = myframe[ '목포' ] >= 140
print(type(cond1))
```

```
pandas.core.series.Series
```

```
print(cond1)
```

```
이순신      False
김유신       True
강감찬       True
광해군       True
연산군       True
Name: 부산, dtype: bool
```

```
print(cond2)
```

```
이순신      False
김유신      False
강감찬       True
광해군       True
연산군       True
Name: 목포, dtype: bool
```

| STEP 19 | 상단에서 구한 두 개의 조건식을 합쳐서 데이터 프레임 df를 만듭니다.

all( ) 함수는 논리 연산에서 and 연산자 역할과 동일한 개념으로 이해하면 됩니다.

데이터 프레임 df에서 '이순신'은 모든 값이 False이므로, 결과 값이 False입니다.

마찬가지로 '김유신'은 '목포' 항목이 False이므로, 최종 결과 값은 False입니다.

any( ) 함수는 논리 연산에서 or 연산자 역할과 동일한 개념으로 이해하면 됩니다.

```
df = pd.DataFrame([cond1, cond2])
print(df)
print('-' * 40)
print(df.all( ))
print('-' * 40)
```

	이순신	김유신	강감찬	광해군	연산군
부산	False	True	True	True	True
목포	False	False	True	True	True

```
이순신     False
김유신     False
강감찬     True
광해군     True
연산군     True
dtype: bool
```

```
print(df.any( ))
print('-' * 40)
```

```
이순신     False
김유신     True
강감찬     True
광해군     True
연산군     True
dtype: bool
```

| STEP 20 **|** df.all( ) 함수를 사용한 연산 결과는 '이순신'과 '김유신'을 제외한 모든 행이 출력됩니다.

df.any( ) 함수를 사용한 연산 결과는 '이순신'을 제외한 모든 행이 출력됩니다.

```
result = myframe.loc[ df.all( ) ]
print(result)
print('-' * 40)
```

	서울	부산	광주	목포	경주
강감찬	110	120	130	140	150
광해군	160	170	180	190	200
연산군	210	220	230	240	250

```
result = myframe.loc[ df.any( ) ]
print(result)
print( '-' * 40)
```

	서울	부산	광주	목포	경주
김유신	60	70	80	90	100
강감찬	110	120	130	140	150
광해군	160	170	180	190	200
연산군	210	220	230	240	250

| STEP 21 | 다음 예시는 람다 함수를 사용하여 '광주'의 값이 130이상인 것을 조회합니다.

```
print( '\n# 람다 함수의 사용' )
result = myframe.loc[ lambda df : df[ '광주' ] >= 130  ]
print(result)
```

	서울	부산	광주	목포	경주
강감찬	110	120	130	140	150
광해군	160	170	180	190	200
연산군	210	220	230	240	250

| STEP 22 | 특정 행과 특정 열에 대한 값을 수정합니다.

```
print( '\n# 이순신과 강감찬의 부산 실적을 30으로 변경하기' )
myframe.loc[[ '이순신', '강감찬' ], [ '부산' ]] = 30
```

	서울	부산	광주	목포	경주
이순신	10	30	30	40	50
김유신	60	70	80	90	100
강감찬	110	30	130	140	150
광해군	160	170	180	190	200
연산군	210	220	230	240	250

```
print( '\n# 김유신부터 광해군까지 경주 실적을 80으로 변경하시오. ' )
myframe.loc[ '김유신':'광해군', [ '경주' ]] = 80
```

	서울	부산	광주	목포	경주
이순신	10	30	30	40	50
김유신	60	70	80	90	80
강감찬	110	30	130	140	80
광해군	160	170	180	190	80
연산군	210	220	230	240	250

| STEP 23 **|** : 은 모든 행 또는 모든 열을 의미합니다.

```
print( '\n# 연산군의 모든 실적을 50으로 변경하기' )
myframe.loc[[ '연산군' ], :] = 50
```

	서울	부산	광주	목포	경주
이순신	10	30	30	40	50
김유신	60	70	80	90	80
강감찬	110	30	130	140	80
광해군	160	170	180	190	80
연산군	50	50	50	50	50

```
print( '\n# 모든 사람의 광주 컬럼을 60으로 변경하기' )
myframe.loc[:, [ '광주' ]] = 60
```

	서울	부산	광주	목포	경주
이순신	10	30	60	40	50
김유신	60	70	60	90	80
강감찬	110	30	60	140	80
광해군	160	170	60	190	80
연산군	50	50	60	50	50

| STEP 24 | 특정 행의 조건을 이용하여 특정 열의 값을 변경합니다.

'경주'의 값이 150이하인 행에 대하여, '경주'와 '광주' 컬럼의 값을 0으로 변경합니다.

```
print( '\n# 경주 실적이 150이하인 데이터를 모두 0으로 변경하기 ')
myframe.loc[myframe[ '경주' ] <= 150 , [ '경주' , '광주' ]] = 0
```

	서울	부산	광주	목포	경주
이순신	10	30	0	40	0
김유신	60	70	0	90	0
강감찬	110	30	0	140	0
광해군	160	170	0	190	0
연산군	50	50	0	50	0

| STEP 25 | 데이터 프레임의 정보를 출력해 봅니다.

```
print( '\n# 데이터 프레임 사용하기 ')
print(myframe)
```

	서울	부산	광주	목포	경주
이순신	10	30	0	40	0
김유신	60	70	0	90	0
강감찬	110	30	0	140	0
광해군	160	170	0	190	0
연산군	50	50	0	50	0

2.5 함수 적용과 매핑(apply 함수)

apply( ) 함수는 사전적인 의미로 '적용시키다'라는 의미로써, 사용자가 직접 작성한 함수를 한 번에 데이터 프레임의 각 행과 열에 적용하여 실행할 수 있게 해주는 메소드입니다.

즉, 함수를 브로드 캐스팅해야 하는 경우에 사용하는 함수입니다.

반복문보다는 속도가 빠르므로 대용량의 데이터 처리에 유용하므로 반드시 숙지를 하도록 합니다.

Applies function along input axis of DataFrame.

항목	설명

apply( )	사용 예시) f = lambda x : x.max( ) - x.min( )
	print(frame.apply(f)) # 각 컬럼마다 (최대 - 최소)의 결과를 구하시오.
	axis =1 옵션이 있으면, 각 행(row) 마다의 연산을 수행합니다.

applymap (func)	DataFrame의 요소 하나 하나에 각각 동일한 함수를 적용시킵니다. 사용 예시) format = lambda x : '%.2f 퍼센트' % x print(frame.applymap(format)) # 모든 요소에 적용됩니다.

실습 문제 ① apply 함수 사용해보기

예제 파일 applyBasic.py, memberInfo.csv

apply 함수를 사용하여 학생들의 국어, 영어 시험 점수에 적용시키는 예제를 다음과 같이 만들어 보도록 합니다.

파일의 내용
id,kor,eng 김철수,60,70 홍길동,70,75 박영희,80,80

| STEP 01 **|** 실습에 필요한 파일 'memberInfo.csv'을 읽어 들입니다.
1번째 열인 'id' 컬럼을 색인으로 바로 지정하려면, index_col 매개 변수를 사용하면 됩니다.
데이터 프레임을 출력합니다.

```python
import pandas as pd

filename = './../data/memberInfo.csv'
df = pd.read_csv(filename, index_col='id')

print('시리즈와 apply 메서드')
print(df)
```

	kor	eng
id		
김철수	60	70
홍길동	70	75
박영희	80	80

| STEP 02 **|** apply 함수를 적용하기 전에 '국어' 점수에 대하여 간단히 산술 연산을 수
행해 봅니다.

```python
print('일반적인 산술 연산')
print(df['kor'] + 5)
```

```
일반적인 산술 연산

id
김철수    65
홍길동    75
박영희    85
Name: kor, dtype: int64
```

| STEP 03 **|** apply 함수를 적용하기 위하여 우선 plus5() 함수를 구현해야 합니다.
국어 점수를 의미하는 df['kor']에 대하여 apply(plus5) 함수를 적용시킵니다.
apply()의 매개 변수인 plus5는 함수의 이름을 의미합니다.
함수의 호출이 아니므로 소괄호를 작성하면 안됩니다.

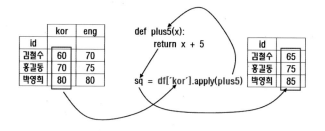

```
def plus5(x):
    return x + 5

print('apply 함수를 적용한 결과')
sq = df['kor'].apply(plus5)
print(sq)
```

```
apply 함수를 적용한 결과

id
김철수    65
홍길동    75
박영희    85
Name: kor, dtype: int64
```

| STEP 04 **|** 어떤 수의 n배를 곱해주는 함수 gob을 정의합니다.

```
def gob(x, n):
    return n * x
```

| STEP 05 **|** 국어 점수인 df['kor']를 apply 함수에 넘겨줍니다.
함수의 매개 변수 2개이므로 유의하도록 합니다.
df['kor'].apply(gob, n=2)라고 호출하게 되면 각 국어 점수에 대하여 2배수의 값을 반환
해줍니다.

```
ex = df['kor'].apply(gob, n=2)
print(ex)
print('-' * 30)
```

```
id
김철수    120
홍길동    140
박영희    160
Name: kor, dtype: int64
```

```
ex = df['kor'].apply(gob, n=3)
print(ex)
print('-' * 30)
```

```
id
김철수    180
홍길동    210
박영희    240
Name: kor, dtype: int64
```

| STEP 06 **|** 컬럼 방향으로 평균 값을 구해 주는 함수 applyByColumn(col)을 구현합니다.

총합을 저장할 변수 mysum과 for 구문을 반복하여 총합을 누적한 다음 행수를 의미하는 df.shape[0]으로 나누어 평균을 반환해 줍니다.

행을 따라서 연산이 되므로, 각 과목의 평균을 얻게 됩니다.

```
def applyByColumn(col):
    mysum = 0
    for item in col:
        mysum += item
    return mysum / df.shape[0]

print(df.apply(applyByColumn, axis = 0))
```

```
kor    70.0
eng    75.0
dtype: float64
```

| STEP 07 **|** 행 방향으로 평균 값을 구해 주는 함수 applyByRow(row)을 구현합니다.

총합을 저장할 변수 mysum과 for 구문을 반복하여 총합을 누적한 다음 열수를 의미하는 df.shape[1]으로 나누어 평균을 반환해 줍니다.

열을 따라서 연산이 되므로, 각 학생의 평균 값을 얻게 됩니다.

```
def applyByRow(row):
    mysum = 0
    for item in row:
        mysum += item
    return mysum / df.shape[1]

print(df.apply(applyByRow, axis = 1))
```

```
id
김철수      65.0
홍길동      72.5
박영희      80.0
dtype: float64
```

2.6 데이터 병합하기

관계형 데이터 베이스에는 행을 합치거나, 양쪽 테이블의 공통된 컬럼을 이용하여 Join 연산을 수행할 수 있습니다.
pandas에는 merge( ) 함수나 concat( ) 함수 등을 이용하여 이와 동일한 기능을 수행할 수 있습니다.

2.6.1 merge( ) 함수

pandas.merge는 하나 이상의 키를 기준으로 DataFrame의 column(열)을 합치는 기능을 합니다.
키의 이름을 지정하지 않으면, 동일한 이름의 컬럼을 이용하여 merge 시킵니다.
SQL이나 다른 관계형 데이터베이스의 join 연산과 유사합니다.

사용 형식
pd.merge(left, right, how='inner', on=None, left_on=None, right_on=None, left_index=False, right_index=False, sort=True, suffixes=('_x', '_y'), copy=True, indicator=False)

merge 함수의 인자 목록은 다음과 같습니다.

항목	설명
left	머지하려는 DataFrame 중 왼쪽에 위치한 DataFrame입니다.
right	머지하려는 DataFrame 중 오른쪽에 위치한 DataFrame입니다.
how	조인의 방법, inner | outer | left | right (기본 값 : inner)
on	양쪽 DataFrame에 모두 공존하는 조인하려는 컬럼 이름을 의미합니다.
left_on	조인 키로 사용할 left DataFrame의 컬럼 이름을 의미합니다.
right_on	조인 키로 사용할 right DataFrame의 컬럼 이름을 의미합니다.
left_index	left DataFrame의 색인 로우(다중 색인일 경우의 키)를 조인 키로 사용하고자 하는 경우에 명시합니다.
right_index	right DataFrame의 색인 로우(다중 색인일 경우의 키)를 조인 키로 사용하고자 하는 경우에 명시합니다.
sort	조인 키에 따라 병합된 데이터를 사전 순으로 정렬해줍니다. 기본 값 : True, 대용량의 데이터인 경우 False으로 설정하면 성능상의 이득을 얻을 수 있습니다.
suffixes	컬럼의 이름이 겹칠 경우 각 컬럼 뒤에 붙일 문자열의 접미사를 설정합니다. 기본 값 : ('_x', '_y') 예시) suffixes=['', '_'] #왼쪽 컬럼은 그냥 그래도, 오른쪽 컬럼은 _를 붙여서 보여 줍니다.

실습 문제 ① DataFrame으로 합치기(merge 사용)

예제 파일 mergeTest01.py

| STEP 01 **|** 이름과 국어 시험 점수를 저장하고 있는 샘플용 데이터 프레임을 만듭니다.

```python
import pandas as pd

dict1 = {'name':['홍길동', '홍길동', '김철수', '박영희', '김철수', '김철수',
'홍길동'], 'korean': range(7)}
df1 = pd.DataFrame(dict1)

print('\n# DataFrame 출력 01')
print(df1)
```

	name	korean
0	홍길동	0
1	홍길동	1
2	김철수	2
3	박영희	3
4	김철수	4
5	김철수	5
6	홍길동	6

| STEP 02 **|** 이름과 영어 시험 점수를 저장하고 있는 샘플용 데이터 프레임을 만듭니다.

```
dict2 = {'name':['김철수', '홍길동', '심수봉'], 'english':range(3)}
df2 = pd.DataFrame(dict2)

print('\n# DataFrame 출력 02')
print(df2)
```

	name	english
0	김철수	0
1	홍길동	1
2	심수봉	2

| STEP 03 **|** merge() 함수는 데이터 베이스 스타일로 DataFrame을 합치는 기능을 합니다.
양쪽 DataFrame에 공통적으로 사용되고 있는 컬럼은 'name'입니다.
merge() 함수의 on="name"을 매개 변수를 이용하여 데이터를 합쳐 봅니다.
on 매개 변수에는 양쪽에 공존하는 동일 이름의 컬럼 정보입니다.

```
print('\n# merge( ) 메소드의 on="name"을 이용하여 데이터 합치기')
print(pd.merge(df1, df2, on='name'))
```

	name	korean	english
0	홍길동	0	1
1	홍길동	1	1
2	홍길동	6	1
3	김철수	2	0
4	김철수	4	0
5	김철수	5	0

| **STEP** 04 | how 옵션의 기본 값은 'inner' 즉 'inner join'입니다.

양쪽 데이터 프레임을 어떠한 방식으로 조인할 것인지를 결정하는데, how='outer' 라고
명시하면 'full outer join'니다. 왼쪽 데이터 프레임에 존재하는 '박영희'와 오른쪽 데이
터 프레임에 존재하는 '심수봉' 데이터가 모두 보이고있습니다.

'left'와 'right'를 사용하면 각각 'left outer join'와 'right outer join' 조인이 됩니다.

```
print("\n# how='outer' 라고 명시하면 full outer join이다.")
print(pd.merge(df1, df2, how='outer'))
```

	name	korean	english
0	홍길동	0.0	1.0
1	홍길동	1.0	1.0
2	홍길동	6.0	1.0
3	김철수	2.0	0.0
4	김철수	4.0	0.0
5	김철수	5.0	0.0
6	박영희	3.0	NaN
7	심수봉	NaN	2.0

| **STEP** 05 | 양쪽 데이터 프레임에 동일 이름의 컬럼이 존재하지 않는 경우에는 on 매
개 변수를 사용할 수 없습니다. 이런 경우에는 left_on과 right_on 매개 변수를 사용하면
됩니다. 다음 예제들을 살펴보도록 합니다.

```
print('\n# 컬럼 이름이 동일하지 않는 경우')
dict3 = {'leftkey':['홍길동', '홍길동', '김철수', '박영희', '김철수', '김철
수', '홍길동'], 'korean': range(7)}
df3 = pd.DataFrame(dict3)

print('# DataFrame 출력 03')
print(df3)
```

	leftkey	korean
0	홍길동	0
1	홍길동	1
2	김철수	2
3	박영희	3
4	김철수	4
5	김철수	5
6	홍길동	6

```
dict4 = {'rightkey':['김철수', '홍길동', '심수봉'], 'english':range(3)}
df4 = pd.DataFrame(dict4)

print('\n# DataFrame 출력 04')
print(df4)
```

	rightkey	english
0	김철수	0
1	홍길동	1
2	심수봉	2

| STEP 06 **|** 위의 두 데이터 프레임에 공통되는 이름의 컬럼이 하나도 없습니다.
이런 경우에는 left_on과 right_on 매개 변수를 사용하면 되는데, left_on 항목에는 조인
키로 사용할 왼쪽 DataFrame의 컬럼 이름을 명시합니다.
right_on 매개 변수에는 오른쪽 DataFrame의 컬럼 이름을 명시합니다.

```
print('\n# merge( ) 메소드의 left_on과 right_on 사용하기')
print(pd.merge(df3, df4, left_on='leftkey', right_on='rightkey'))
```

	leftkey	korean	rightkey	english
0	홍길동	0	홍길동	1
1	홍길동	1	홍길동	1
2	홍길동	6	홍길동	1
3	김철수	2	김철수	0
4	김철수	4	김철수	0
5	김철수	5	김철수	0

| STEP 07 **|** 여러 개의 키를 병합하려면 컬럼 이름이 들어간 리스트를 넘겨주면 됩니다.
다음과 같이 샘플 데이터 left를 생성합니다.

```
dict1 = {'key1':['김철수', '김철수', '박영희'],
        'key2':['one', 'two', 'one'],
        'leftval':[1, 2, 3]}
left = pd.DataFrame(dict1)
print('\n# DataFrame 출력 05')
print(left)
```

	key1	key2	leftval
0	김철수	one	1
1	김철수	two	2
2	박영희	one	3

| STEP 08 | 다음과 같이 샘플 데이터 right를 생성합니다.

```
dict2 = {'key1':['김철수', '김철수', '박영희', '박영희'],
         'key2':['one', 'one', 'one', 'two'],
         'leftval':[4, 5, 6, 7]}
right = pd.DataFrame(dict2)
print('\n# DataFrame 출력 06')
print(right)
```

	key1	key2	leftval
0	김철수	one	4
1	김철수	one	5
2	박영희	one	6
3	박영희	two	7

| STEP 09 | 여러 개의 컬럼을 병합하려면, 컬럼 이름이 들어간 리스트를 넘겨주면 됩니다.

조인할 컬럼 2개를 리스트('key1', 'key2')로 만들어 이것을 이용하여 병합합니다.

```
mylist = ['key1', 'key2'] # 조인할 컬럼 리스트
print('\n# 여러 개의 컬럼 병합하기')
print(pd.merge(left, right, on=mylist, how='outer'))
```

	key1	key2	leftval_x	leftval_y
0	김철수	one	1.0	4.0
1	김철수	one	1.0	5.0
2	김철수	two	2.0	NaN
3	박영희	one	3.0	6.0
4	박영희	two	NaN	7.0

| STEP 10 **|** 컬럼 2개의 이름이 겹치는 경우에는 suffixes를 이용하면 이름이 겹치는 컬럼에 대하여 접미사를 지정할 수 있습니다.

특별히 명시하지 않으면 suffixes=('_x', '_y')의 값으로 설정이 됩니다.

```
print( '\n# suffixes 옵션 사용하기 ' )
print( '# 동일한 컬럼 이름 key2에 대하여 접미사를 붙여 준다.' )
print(pd.merge(left, right, on= ' key1 ', suffixes=( ' _왼쪽 ', ' _오른쪽 ')))
```

	key1	key2_왼쪽	leftval_왼쪽	key2_오른쪽	leftval_오른쪽
0	김철수	one	1	one	4
1	김철수	one	1	one	5
2	김철수	two	2	one	4
3	김철수	two	2	one	5
4	박영희	one	3	one	6
5	박영희	one	3	two	7

| STEP 11 **|** 색인을 이용한 머지 실습을 해보도록 하겠습니다.

set_index() 함수를 이용하여 'name' 컬럼을 색인으로 이동시킵니다.

```
print( '\n# 색인을 이용한 머지 사용하기 ' )
newdf1 = df1.set_index( ' name ' )
print(newdf1)
print( ' - ' * 40)
```

	korean
name	
홍길동	0
홍길동	1
김철수	2
박영희	3
김철수	4
김철수	5
홍길동	6

| STEP 12 **|** df2 데이터 프레임도 동일한 방법으로 색인을 다시 생성합니다.

```
newdf2 = df2.set_index('name')
print(newdf2)
print('-' * 40)
```

	english
name	
김철수	0
홍길동	1
심수봉	2

| STEP 13 **|** 색인을 이용하여 병합하려면 left_index, right_index 매개 변수를 사용합니다.

```
print(pd.merge(newdf1, newdf2, left_index=True, right_index=True, how='outer', indicator =
True))
```

name			
김철수	2.0	0.0	both
김철수	4.0	0.0	both
김철수	5.0	0.0	both
박영희	3.0	NaN	left_only
심수봉	NaN	2.0	right_only
홍길동	0.0	1.0	both
홍길동	1.0	1.0	both
홍길동	6.0	1.0	both

2.7 다양한 방식의 데이터 추출

(목표) 이번 예시에서는 csv 파일을 사용하여 데이터를 읽어 들인 다음에 다양한 방법으로 데이터 추출을 시도해 봅니다.

(예제 파일) dataExtraction.py, welfare.csv

컬럼	설명	컬럼	설명
gender	성별(남, 여)	birth	생일(태어난 년도)
marriage	혼인 상태 0.비해당(18세 미만), 1.유배우, 2.사별, 3.이혼, 4.별거, 5.미혼(18세이상, 미혼모 포함), 6.기타(사망 등)	religion	종교 유무 1.있음, 2.없음
code_job	직업 코드	income	소득(월 평균 임금)
code_religion	7개 권역별 지역 구분 1. 서울, 2. 수도권(인천/경기) 3. 부산/경남/울산, 4.대구/경북, 5. 대전/충남 6. 강원/충북, 7.광주/전남/전북/제주도		

| STEP 01 **|** 실습 파일을 읽어 들입니다.

head( ) 함수는 전체 데이터 중에서 지정한 수 만큼의 행만 보여 줍니다.

매개 변수인 숫자를 명시하지 않으면 기본 값으로 상위 5개만 보여 줍니다.

이 함수의 반대 개념의 함수는 tail( ) 함수입니다.

```
import pandas
df = pandas.read_csv('./../data/welfare.csv')

print(df.head( ))
```

	gender	birth	marriage	religion	code_job	income	code_religion
0	2	1936	2	2	NaN	NaN	1
1	2	1945	2	2	NaN	NaN	1
2	1	1948	2	2	942.0	120.0	1
3	1	1942	3	1	762.0	200.0	1
4	2	1923	2	1	NaN	NaN	1

| STEP 02 **|** read_csv 함수를 사용하여 읽어 들인 데이터를 데이터 프레임(DataFrame)입니다.

데이터 프레임은 2차원 형태의 자료 구조인데, 행과 열의 개수는 shape 속성을 사용하면 확인 가능합니다.

tuple 형식으로 되어 있으므로, 인덱싱을 이용하여 행의 개수와 열의 개수를 별도로 출력할 수 있습니다.

```
print(type(df))
```

```
pandas.core.frame.DataFrame
```

```
print(df.shape)
```

```
(16664, 7)
```

```
print(df.shape[0])
print(df.shape[1])
```

```
(16664, 7)
```

| STEP 03 **|** columns 속성은 컬럼 이름을 지정하거나, 컬럼에 대한 정보를 얻을 수 있습니다.
df 데이터 프레임은 총 7개의 컬럼으로 구성이 되어 있습니다.

```
print(df.columns)
```

```
Index(['gender', 'birth', 'marriage', 'religion', 'code_job', 'income',
       'code_religion'],
      dtype='object')
```

| STEP 04 **|** dtypes 속성는 각 컬럼들의 데이터 타입 정보를 확인할 수 있습니다.
참고로 python의 str은 object으로 출력됩니다.

```
print(df.dtypes)
```

```
gender            int64
birth             int64
marriage          int64
religion          int64
code_job        float64
income          float64
code_religion     int64
dtype: object
```

| STEP 05 | info( ) 함수는 DataFrame이라는 데이터 구조를 알려 줍니다. 또한, 인덱스의 내용과 컬럼의 이름 및 컬럼의 데이터 타입, 메모리 사용량 등을 알려 줍니다.

```
print(df.info( ))
```

```
<class 'pandas.core.frame.DataFrame'>
RangeIndex: 16664 entries, 0 to 16663
Data columns (total 7 columns):
 #   Column         Non-Null Count   Dtype
---  ------         --------------   -----
 0   gender         16664 non-null   int64
 1   birth          16664 non-null   int64
 2   marriage       16664 non-null   int64
 3   religion       16664 non-null   int64
 4   code_job       7529 non-null    float64
 5   income         4634 non-null    float64
 6   code_religion  16664 non-null   int64
dtypes: float64(2), int64(5)
memory usage: 911.4 KB
```

| STEP 06 | 대괄호를 사용하면 데이터 프레임에서 특정 컬럼에 대한 정보를 별도로 추출할 수 있습니다.

한 개의 컬럼을 추가하면 반환되는 데이터 타입은 Series입니다.

```
gender_df = df[ ' gender ' ]
```

```
0    2
1    2
2    1
3    1
4    2
Name: gender, dtype: int64
```

```
print(type(gender_df))
```

```
pandas.core.series.Series
```

```
print(gender_df.head( ))
print(gender_df.tail( ))
```

```
16659    2
16660    2
16661    1
16662    2
16663    1
Name: gender, dtype: int64
```

| STEP 07 **|** 2개 이상의 컬럼을 조회하고자 하는 경우 대괄호 기호를 사용하면 됩니다. 반환되는 데이터 타입은 DataFrame입니다.

외부의 대괄호는 인덱싱을 위한 대괄호이고, 내부 대괄호는 list를 의미합니다.

```
subset = df[['gender', 'birth', 'marriage']]
```

```
pandas.core.frame.DataFrame
```

```
print(type(subset))
print(subset.head())
```

	gender	birth	marriage
0	2	1936	2
1	2	1945	2
2	1	1948	2
3	1	1942	3
4	2	1923	2

```
print(subset.tail())
```

	gender	birth	marriage
16659	2	1967	1
16660	2	1992	5
16661	1	1995	5
16662	2	1998	0
16663	1	2001	0

| STEP 08 | loc 속성은 라벨의 이름을 이용하여 행 또는 열의 위치(location)를 찾아 줍니다.

다음 예시는 0번째와 99번째의 데이터를 추출하는 예시입니다.

```
print(df.loc[0])
```

```
gender              2.0
birth            1936.0
marriage            2.0
religion            2.0
code_job            NaN
income              NaN
code_religion       1.0
Name: 0, dtype: float64
```

```
print(df.loc[99])
```

```
gender              2.0
birth            1938.0
marriage            1.0
religion            2.0
code_job            NaN
income              NaN
code_religion       1.0
Name: 99, dtype: float64
```

| STEP 09 | 변수 last_row_index는 마지막 행 번호를 의미합니다.

```
number_of_rows = df.shape[0]
last_row_index = number_of_rows - 1

print(df.loc[last_row_index])
```

```
gender              1.0
birth            2001.0
marriage            0.0
religion            1.0
code_job            NaN
income              NaN
code_religion       5.0
Name: 16663, dtype: float64
```

| STEP 10 | tail() 함수는 마지막 행의 일부분을 추출하고자 할 때 사용합니다.
매개 변수 n의 값을 지정하지 않으면 기본 값은 5입니다.

```
print(df.tail(n=1))
```

	gender	birth	marriage	religion	code_job	income	code_religion
16663	1	2001	0	1	NaN	NaN	5

```
print(df.tail(n=2))
```

	gender	birth	marriage	religion	code_job	income	code_religion
16662	2	1998	0	1	NaN	NaN	5
16663	1	2001	0	1	NaN	NaN	5

```
print(df.loc[[0, 99, 999]])
```

	gender	birth	marriage	religion	code_job	income	code_religion
0	2	1936	2	2	NaN	NaN	1
99	2	1938	1	2	NaN	NaN	1
999	1	1955	1	1	510.0	129.0	1

| STEP 11 **|** tail 메소드와 loc 속성이 반환하는 자료형은 서로 다릅니다.

tail 메소드의 반환 결과는 DataFrame이고, loc 속성의 반환 결과는 Series입니다.

```
subset_loc = df.loc[0]
subset_tail = df.tail(n=1)
print(type(subset_loc))
print(type(subset_tail))
```

```
(pandas.core.series.Series, pandas.core.frame.DataFrame)
```

| STEP 12 **|** iloc 함수는 행 인덱스 번호를 기준으로 행을 추출해주는 함수입니다.

예시에서는 1행과 99행을 추출하고 있습니다.

-1은 마지막 행을 의미합니다.

여러 개의 행을 동시에 출력하고자 하는 경우 대괄호를 사용합니다.

```
print(df.iloc[1])
```

```
gender                 2.0
birth               1945.0
marriage               2.0
religion               2.0
code_job               NaN
income                 NaN
code_religion          1.0
Name: 1, dtype: float64
```

```
print(df.iloc[99])
```

```
gender                 2.0
birth               1938.0
marriage               1.0
religion               2.0
code_job               NaN
income                 NaN
code_religion          1.0
Name: 99, dtype: float64
```

```
print(df.iloc[-1])
```

```
gender                 1.0
birth               2001.0
marriage               0.0
religion               1.0
code_job               NaN
income                 NaN
code_religion          5.0
Name: 16663, dtype: float64
```

```
print(df.iloc[1710])
```

```
gender                 1.0
birth               2009.0
marriage               0.0
religion               1.0
code_job               NaN
income                 NaN
code_religion          2.0
Name: 1710, dtype: float64
```

```
print(df.iloc[[0, 99, 999]])
```

	gender	birth	marriage	religion	code_job	income	code_religion
0	2	1936	2	2	NaN	NaN	1
99	2	1938	1	2	NaN	NaN	1
999	1	1955	1	1	510.0	129.0	1

| STEP 13 **|** 컬럼 이름으로 서로 떨어진 컬럼에 대한 슬라이싱이 가능합니다.

```
subset = df.loc[:, ['marriage', 'income']]
print(subset.head())
```

	marriage	income
0	2	NaN
1	2	NaN
2	2	120.0
3	3	200.0
4	2	NaN

| STEP 14 **|** [2, 4, -1]는 2번째 4번째, 마지막 번째 컬럼을 의미합니다.
색인 번호는 0부터 시작하므로 marriage, code_job, code_religion 컬럼 정보가 출력됩니다.

```
subset = df.iloc[:, [2, 4, -1]]
print(subset.head())
```

	marriage	code_job	code_religion
0	2	NaN	1
1	2	NaN	1
2	2	942.0	1
3	3	762.0	1
4	2	NaN	1

| STEP 15 **|** range() 메소드를 사용하여 데이터를 추출할 수 있습니다.

```
small_range = list(range(5))
```

```
[0, 1, 2, 3, 4]
```

```
print(small_range)
```

```
list
```

```
print(type(small_range))
```

	gender	birth	marriage	religion	code_job
0	2	1936	2	2	NaN
1	2	1945	2	2	NaN
2	1	1948	2	2	942.0
3	1	1942	3	1	762.0
4	2	1923	2	1	NaN

┃ STEP 16 **┃** range(3, 6)는 3번째부터 5번째까지의 데이터를 의미합니다.

```
small_range = list(range(3, 6))
print(small_range)
```

```
[3, 4, 5]
```

```
subset = df.iloc[:, small_range]
print(subset.head( ))
```

	religion	code_job	income
0	2	NaN	NaN
1	2	NaN	NaN
2	2	942.0	120.0
3	1	762.0	200.0
4	1	NaN	NaN

┃ STEP 17 **┃** 0부터 시작하여 6 직전까지 2칸씩 건너뛰므로, 해당 컬럼은 gender, marriage, code_job가 됩니다.

```
small_range = list(range(0, 6, 2))
subset = df.iloc[:, small_range]
print(subset.head( ))
```

	gender	marriage	code_job
0	2	2	NaN
1	2	2	NaN
2	1	2	942.0
3	1	3	762.0
4	2	2	NaN

2.8 GroupBy 메카닉

그룹 연산이란 데이터를 집계하거나, 변환하는 등의 작업을 한 번에 처리할 수 있도록 하는 아주 강력한 기능입니다.

Hadley Wickham(해들리 위캠)은 분리-적용-결합이라는 그룹 연산에 관련된 용어를 만들었는데, 그룹 연산에 대한 적절한 설명이 될 수 있습니다.
우선 데이터를 분할(split)하고 반영(`)하고 결합(combine)시키는 과정을 거치게 됩니다.

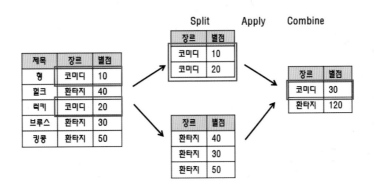

이전에 데이터 베이스를 공부한 적이 있다면 sql의 group by 구문과 유사한 개념으로 이해해도 좋습니다.
'분할-반영-결합'이라는 기법은 오래전부터 분산 컴퓨팅 분야에서 BigData를 처리하기 위하여 사용해오던 방법입니다.
그룹 연산은 데이터 집합을 분류하고 그룹별로 집계나 어떤 변형 같은 함수를 적용할 수 있습니다.
또한, 그룹 연산을 이용하여 큰 용량의 데이터를 손쉽게 처리할 수 있습니다.

groupby( ) 함수를 이용하여 구한 객체를 그룹 오브젝트라고 합니다.
그룹 오브젝트는 또한 반복문을 이용하여 데이터 처리를 할 수 있습니다.

2.8.1 그룹핑 관련 함수

최적화된 groupby( ) 함수 목록은 다음과 같은 항목들이 있습니다.

속성/함수	설명
agg	groupby 객체에 함수로 직접 사용 가능한 항목들은 다음과 같습니다. min, max, median, mean, sum, count, std, var, size, describe, nunique, idxmax, idxmin 등등입니다.
get_group(data)	그루핑된 데이터 중에서 값이 data인 항목만 추출하여 보여 줍니다.
count( )	누락 값은 제외하고, 그룹 내에 NaN 값이 아닌 값의 숫자를 반환합니다.
describe( )	기초 통계량 정보를 한꺼번에 보여 줍니다. 데이터 수, 평균, 표준 편차, 최소값, 백분위수, 최대 값을 모두 반환해줍니다.
first( ), last( )	NaN 값이 아닌 값들 중에서 첫 번째 값과 마지막 값을 반환합니다.
mean( )	NaN 값이 아닌 값의 평균 값을 반환합니다.
median( )	NaN 값이 아닌 값의 산술 중간 값을 반환합니다.
min( ), max( )	NaN 값이 아닌 값 중에서 최소 값과 최대 값을 반환합니다.
ngroups	그룹의 갯수를 반환해줍니다.
nth( )	n번째 행을 반환합니다.
quantile(q=0.25)	백분위수 25%
quantile(q=0.50)	백분위수 50%
quantile(q=0.75)	백분위수 75%
prod( )	NaN 값이 아닌 값들의 곱을 반환합니다.
size( )	각 그룹에 대한 자료의 갯수를 구합니다.(누락 값 포함)
sum( )	NaN 값이 아닌 값의 합을 반환합니다.
std( ), var( )	편향되지 않은 (n-1을 분모로 하는) 표준 편차와 분산을 구해줍니다.

| **STEP** 01 | 이번에는 데이터를 이용하여 그룹 연산을 수행해 봅니다.
우선 데이터의 앞 10행을 조회해 봅니다.

```
print(df.head(n=10))
```

	gender	birth	marriage	religion	code_job	income	code_religion
0	2	1936	2	2	NaN	NaN	1
1	2	1945	2	2	NaN	NaN	1
2	1	1948	2	2	942.0	120.0	1
3	1	1942	3	1	762.0	200.0	1
4	2	1923	2	1	NaN	NaN	1
5	1	1962	1	1	530.0	NaN	1
6	2	1963	1	1	NaN	NaN	1
7	2	2003	0	1	NaN	NaN	1
8	1	1927	1	1	NaN	NaN	1
9	2	1934	1	1	NaN	NaN	1

| STEP 02 **|** unique( ) 함수는 중복되는 값을 제거하고, 유일 값만 저장하는 numpy 객체를 반환해줍니다.

반환 타입은 <class 'numpy.ndarray'>입니다.

데이터베이스의 distinct와 동일한 개념으로 봐도 무방합니다.

```
print(df['marriage'].unique())
```

```
array([2, 3, 1, 0, 5, 4, 6], dtype=int64)
```

| STEP 03 **|** 컬럼 'marriage'에 대하여 그룹핑을 수행한 다음 'code_religion' 컬럼에 대한 평균을 구합니다.

```
print(df.groupby('marriage')['code_religion'].mean())
```

```
marriage
0    3.655365
1    3.726723
2    4.024563
3    3.648876
4    3.880952
5    3.420058
6    3.653846
Name: code_religion, dtype: float64
```

| STEP 04 **|** mygrouping의 반환 타입은 DataFrameGroupBy 객체입니다. mygrouping 객체에 저장되어 있는 메모리 주소 값을 반환해줍니다. mean_code_religion의 출력 값은 이전 예시에서 실습한 수행 결과와 동일한 값을 출력하고 있습니다.

```
mygrouping = df.groupby('marriage')
print(type(mygrouping))

print(mygrouping)
```

```
pandas.core.groupby.generic.DataFrameGroupBy

<pandas.core.groupby.generic.DataFrameGroupBy object at 0x0000000004163EB0>
```

```
grp_code_religion = mygrouping['code_religion']
print(type(grp_code_religion))
```

```
pandas.core.groupby.generic.SeriesGroupBy
```

```
mean_code_religion = grp_code_religion.mean()
print(mean_code_religion)
```

```
marriage
0    3.655365
1    3.726723
2    4.024563
3    3.648876
4    3.880952
5    3.420058
6    3.653846
Name: code_religion, dtype: float64
```

| STEP 05 **|** 컬럼 'marriage', 'birth'을 이용하여 그룹화시킨다음 컬럼 'code_religion', 'income'에 대한 평균 값을 출력합니다.

```
mean_code_religion = grp_code_religion.mean()
print(mean_code_religion)
```

marriage	birth		
0	1997	3.808081	NaN
	1998	3.652850	NaN
	1999	3.626794	NaN
	2000	3.635945	NaN
	2001	3.578947	NaN

6	1946	3.000000	NaN
	1947	4.000000	NaN
	1959	4.000000	NaN
	1960	2.000000	NaN
	1967	7.000000	NaN

339 rows × 2 columns

```
print(type(multi_group_var))
```

```
pandas.core.frame.DataFrame
```

연습 문제 ① 다음과 같은 시리즈를 생성하고, 물음에 답해보세요.

예제 파일 seriesReaderWriter01_exam.py

```
myindex = ['마포구', '용산구', '서대문구', '동대문구', '은평구', '구로구',
'강서구']
mylist = [40, 80, 70, 50, 60, 30, 20]
myseries = pd.Series(data=mylist, index=myindex)
myseries
```

```
마포구      40
용산구      80
서대문구     70
동대문구     50
은평구      60
구로구      30
강서구      20
dtype: int64
```

'은평구'만 조회해 보세요.
'서대문구'부터 '구로구'까지 조회해 보세요.
'용산구'와 '동대문구'만 조회해 보세요.
2번째 요소만 조회해 보세요.
0, 2, 4번째 데이터를 조회해 보세요.
1, 3, 4번째 데이터를 조회해 보세요.
슬라이싱을 사용하여 2번째부터 4번째까지 조회해 보세요.
2번째 항목의 값을 99로 변경해 보세요.
2번째부터 4번째까지를 66으로 변경해 보세요.
'마포구'와 '강서구'만 55로 변경해 보세요.
짝수 행만 77로 변경로 변경해 보세요.
최종 결과를 확인해 보세요.

다음과 같은 데이터 프레임을 생성하고, 물음에 답해보세요.

예제 파일 dataframeReaderWriter01_exam.py

```
myindex = [ '김구', '이봉창', '안중근', '윤봉길' ]
mycolumns = [ '강남구', '은평구', '마포구', '용산구' ]
mylist = list( 10 * onedata for onedata in range(1, 17))
myframe = pd.DataFrame( np.reshape(mylist, (4, 4)), index=myindex, columns = mycolumns  )
myframe
```

	강남구	은평구	마포구	용산구
김구	10	20	30	40
이봉창	50	60	70	80
안중근	90	100	110	120
윤봉길	130	140	150	160

1번째 행 데이터를 조회해 보세요.
1번째와 3번째 행 데이터를 조회해 보세요.
'윤봉길'행만 조회해 보세요.
'이봉창'과 '윤봉길'행을 조회해 보세요.
'윤봉길'행의 '은평구' 데이터만 조회해 보세요.
'김구'와 '이봉창'의 '용산구'와'은평구' 데이터를 조회해 보세요.
'은평구'의 값이 100 이하인 행들을 조회해 보세요.
'은평구'의 값이 100인 행들을 조회해 보세요.
'김구'부터 '안중근'까지 '용산구' 데이터를 80으로 변경해 보세요.
데이터 프레임의 최종 결과를 확인해 보세요.

연습 문제 ③ 다음과 같은 데이터를 사용하여, 물음에 답해보세요.

예제 파일 applyBasic_exam.py

```
filename = './../data/memberInfo_exam.csv'
df = pd.read_csv(filename, index_col='이름')
df
```

	중간	기말
이름		
강감찬	60	70
을지문덕	70	75

'중간' 컬럼과 apply 함수를 사용하여 다음과 같은 성적(수우미양가)을 출력해주는 함수 sungjuk를 구현하세요.

```
sq = df['중간'].apply(sungjuk)
sq
```

```
이름
강감찬      양
을지문덕    미
Name: 중간, dtype: object
```

연습 문제 ④ 다음과 같은 데이터를 사용하여, 물음에 답해보세요.

예제 파일 mergeTest01_exam.py

데이터 01

	이름	중간
0	유관순	10
1	유관순	20
2	황진이	30
3	황진이	40
4	유관순	50

데이터 02

	이름	기말
0		30
1	유관순	40
2	신사임당	50
3		
4		

결과 01번

	이름	중간	기말
0	유관순	10	40
1	유관순	20	40
2	유관순	50	40
3	황진이	30	30
4	황진이	40	30

결과 02번

	이름	중간	기말
0	유관순	10.0	40
1	유관순	20.0	40
2	유관순	50.0	40
3	황진이	30.0	30
4	황진이	40.0	30
5	신사임당	NaN	50

'데이터 01'과 '데이터 02'를 각각 만들어 보세요.
'데이터 01'과 '데이터 02'를 합쳐서 '결과 01' 데이터를 생성해 보세요.
'데이터 01'과 '데이터 02'를 합쳐서 '결과 02' 데이터를 생성해 보세요.

요 약

pandas에는 1차원 데이터 구조인 Series와 2차원 데이터 구조인 DataFrame이 있습니다.

동일한 데이터 타입을 저장하기 위한 일련의 객체를 담을 수 있는 1차원 배열 같은 자료 구조입니다.

DataFrame(데이터 프레임)은 2차원 형태의 표(행/열) 구조를 가지는 자료 구조입니다.
행과 열에 대한 인덱스를 가지고 순서대로 배열됩니다.
열 1개가 하나의 Series 구조가 됩니다.

DataFrame은 iloc와 loc 속성을 사용하여 특정 조건에 맞는 행이나 열을 추출할 수 있습니다.
apply( ) 함수는 일반적으로 반복문보다 속도가 빠르기 때문에 대용량의 데이터 처리에 유용합니다.

pandas에는 merge( ) 함수나 concat( ) 함수 등을 이용하여 행을 합치거나, 양쪽 테이블의 공통된 컬럼을 이용하여 병합할 수 있습니다.

pandas에서 그룹 연산은 데이터를 집계하거나, 변환하는 등의 작업을 한번에 처리할 수 있도록 하는 아주 강력한 기능입니다.

Chapter. 03

데이터 시각화

SUMMARY

데이터 분석을 제대로 하려면 텍스트 기반의 데이터를 이해하는 것도 중요하지만 분석하기가 좀 힘듭니다.
사람의 눈으로 파악할 수 있는 용량은 한계가 있기 때문입니다.
좀 더 직관적이고, 가독성이 높아지도록 하는 방법 중의 하나가 바로 시각화입니다.
텍스트로 확인 불가능한 이상치 정보 및 특이 정보들은 시각화로 많이 해결될 수 있습니다.
이번 장에서는 matplotlib라는 파이썬 시각화 라이브러리를 이용하여 다양한 형태의 그래프를 그려 보도록 하겠습니다.

전처리된 데이터를 분석 함에 있어서 시각화는 여러 가지 용도로 사용이 됩니다.
예를 들어 전체적인 데이터의 구조를 시각적으로 분석하거나 분석 방향을 가늠해 줄 수 있습니다.
또한, 잘못 처리된 결과가 존재하는지 확인이 가능하고, 이를 수정할 수 있도록 유도할 수 있습니다.
분석 결과를 도식화하여 의사 결정에 반영하기 위하여 사용되기도 합니다.

이처럼 데이터 시각화는 데이터 분석의 전 과정에서 유용하게 사용이 되고 있습니다.

파이썬에는 여러 가지 시각화 라이브러리가 있지만, matplotlib 라이브러리가 표준이 잘 확립되어 있고 비교적 다양한 경우에도 잘 동작하는 라이브러리로 알려져 있습니다.
우리는 matplotlib 라이브러리를 사용하여 여러 가지 방식으로 시각화를 수행해 보고자 합니다.

matplotlib는 파이썬에서 사용 가능한 그래프를 그려주는 모듈입니다.
표준 플롯을 쉽게 그릴 수 있을 뿐만 아니라 복잡한 플롯과 세부적인 변경도 자유로운 유연한 라이브러리입니다.
matplotlib는 line plot, bar chart, pie chart, histogram, box Plot, scatter Plot 등을 비롯하여 다양한 차트와 플롯 스타일을 지원하며, matplotlib.org 갤러리 웹페이지에서 다양한 샘플 차트를 볼 수 있습니다.

또한, Numpy 및 pandas(Series, DataFrame)가 제공하는 자료들과도 잘 연동됩니다.

2002년 존 헌터(John Hunter)는 파이썬에서 MATLAB와 유사한 인터페이스를 지원하고자 matplotlib 프로젝트를 시작하였습니다.

파이썬에서 그래프를 그리기 위해서는 다음과 같이 matplotlib 을 인스톨하면 됩니다. 그리고, 가끔 PC 환경에 따라서 PyQt5 라이브러리 때문에 문제가 발생하는 경우도 있으니 같이 설치해 주시면 좋습니다.

Qt is set of cross-platform C++ libraries that implement high-level APIs for accessing many aspects of modern desktop and mobile systems

항 목	설 명
설치할 목록	pip install matplotlib pip install PyQt5
참조 사이트	https://matplotlib.org/ https://partrita.github.io/posts/matplotlib-examples/ (파이썬 시각화 예제)

3.1 matplotlib API

matplotlib API 함수는 matplotlib.pyplot 모듈에 들어 있습니다.
일반적으로 다음 문장처럼 'plt'라는 이름으로 import 해서 사용합니다.

모듈 임포트 문장

```
# 아래 2개의 문장을 모두 사용해야 하는 것은 아닙니다.
# 필요한 모듈만 임포트하면 됩니다.
# 주의 사항 : 상위 모듈을 임포트한다고 하위 모듈까지  임포트되지 않습니다.
import matplotlib
import matplotlib.pyplot as plt
```

3.1.1 plt와 연관된 함수

다음 함수들은 일반적으로 자주 사용되고, 거의 모든 함수에 공통적으로 사용되는 옵션들입니다.

plt 관련 함수	설명
axhline(y=0, xmin=0, xmax=1, **kwargs)	y는 수평선이 그려지는 y축의 좌표를 의미합니다. 예시) plt.axhline(y=idx, color='c', linewidth=1, linestyle='dashed') 반대 함수는 plt.axvline( )입니다.
axvline(x=0, ymin=0, ymax=1, **kwargs)	plt.axvline(x=1, color='blue', linewidth=2, linestyle='dotted') plt.axvline(x=2, color='red', linewidth=2, linestyle='solid')
grid(boolean)	그리드를 표시할 것인지의 Boolean 값을 지정합니다.
rcdefaults( )	Matplotlib 스타일에 대한 파라미터를 초기 값으로 되돌립니다.
show( )	그래프 객체를 화면에 보여 줍니다.
title(sometitle)	sometitle이라는 문장을 그래프의 제목으로 설정합니다.
xlabel(str)	x 축에 str이라는 라벨(문구)을 설정합니다.
xlim([하한값, 상한값])	x 축의 상한/하한 값을 설정합니다.
xticks( )	x 축의 눈금 라벨에 대한 개수 설정을 합니다. 예시) plt.xticks(np.arange(1, 11))
ylabel(str)	y 축에 str이라는 라벨을 설정합니다.
ylim([하한값, 상한값])	y 축의 상한/하한 값을 설정합니다.
yticks( )	y 축의 눈금 라벨에 대한 개수 설정을 합니다. 예시) plt.yticks(np.arange(ymin, ymax + 1, 1))

3.1.2 이미지로 저장하기

plt.savefig( ) 메소드는 그래프를 파일로 저장하기 위한 옵션입니다.
다음과 같은 매개 변수를 가질 수 있습니다.

매개 변수	설명
사용 형식	plt.savefig(filename, dpi=400, bbox_inches='tight')
fname	파일 경로나 파이썬의 파일과 유사한 객체를 나타내는 문자열. 저장되는 포맷은 파일의 확장자를 통하여 결정이 됩니다.
dpi	Figure의 해상도 dpi(기본 값) 100)를 지정합니다. dpi는 dots per inch를 의미합니다.
facecolor, edge color	서브 플롯 바깥 배경 색상, 기본 값 w(흰색)입니다.
format	명시적인 파일 포맷('png', 'pdf', 'svg' 등등)을 지정합니다.
bbox_inches	Figure에서 저장할 부분 'tight'는 Figure의 둘레의 비어 있는 공간을 모두 제거합니다.

3.2 변수 개수 및 형태별 그래프종류

그래프란 서로 연관성이 있는 1개 또는 그 이상의 양(量)에 대한 상대 값을 도형으로 나타낸 것을 말합니다.

다양한 종류의 그래프에 대하여 얘기하기 전에 우선 변수의 종류 및 개수에 따른 유형을 살펴보도록 합니다.

가장 먼저 우선적으로 데이터의 구조를 파악하고, 변수명, 변수별 데이터 유형(숫자형, 문자형, 논리형), 결측값의 여부, 이상치(outlier) 여부 등을 이용하여 전처리를 수행합니다.

이후 이러한 데이터들을 직관적으로 살펴보려면 일반적으로 시각화를 수행하게 됩니다. 데이터의 유형 및 갯수에 따라서 그래프의 종류는 다를 수 밖에 없습니다. 다음은 데이터의 갯수 및 종류에 따라서 그려질 수 있는 그래프의 종류에 대한 표입니다.

데이터 갯수	변수의 종류	가능한 그래프
일변량(1개)	연속형	히스토그램(histogram) 상자 수염 그래프(boxplot) 바이올린 그래프(violin) 커널 밀도 그래프(kernel density curve)
	범주형	막대 그래프(bar chart) 파이 그래프(pie chart)
다변량(>=2)	연속형	산점도(scatter plot) 선 그래프(line) 시계열 그래프
	범주형	모자이크 그래프(mosaic graph) Tree Map 그래프

그럼, 지금부터 다양한 유형의 그래프에 대하여 살펴 보도록 하겠습니다.

3.3 꺾은 선 그래프

막대 그래프가 양의 상대적인 크기를 비교하는데 사용되는 것이라면 연속적으로 변화하는 데이터를 살펴보고자 할 때에는 꺾은 선 그래프가 제격입니다.

일반적으로 꺾은 선 그래프는 시간에 따른 데이터의 연속적인 변화량을 관찰하고자 할 때 자주 사용되는 그래프입니다.
예를 들어서 매시간에 따른 기온의 변화, 물을 끓인 다음 식히면서 시간에 따른 물의 온도 변화 등을 그리고자 할 때 유용하게 사용합니다.
꺾은 선 그래프는 수량을 점으로 우선 표시한 다음 해당 점들을 선분으로 이어서 그리기 때문에 증가와 감소의 상태를 쉽게 찾을 수 있습니다.

사용 예시	24시간 동안 매시간의 온도의 변화량 연도별 수출액의 변화량 자동차 교통 사고의 량 월별 사과의 생산량의 변화 시간별 기온의 변화
특징	시간에 따른 변화량을 관찰하면 조사하지 않은 중간의 값도 대략적으로 예측이 가능합니다. 연속적인 수량의 변화를 단적으로 보여 줍니다. 수량을 점으로 표현합니다. 점과 점 사이를 선분으로 이어 선분의 기울기로 변화의 정도를 알아보기 편리합니다. 즉, 선분이 오른쪽으로 올라가면 늘어난 것을, 내려가면 줄어든 것을 의미합니다. 관찰 대상의 추이를 비교하거나, 추세(trend)를 관찰하고자 하는 경우에 많이 쓰입니다.

실습 문제 ① 코로나 발생 주요국가 동향 꺾은 선 그래프 만들기

목표 주요 국가의 2020년 04월 둘째 주의 코로나 발생 현황에 대한 데이터 파일인 '주요발생국가주간동향(4월2째주).csv'에 대하여 간략히 꺾은 선 그래프를 만들어 보도록 하겠습니다.

예제 파일 brokenLineExam.py, 주요발생국가주간동향(4월2째주).csv

데이터 파일	컬럼	설명
	국가	코로나가 발생한 주요 국가 이름을 의미합니다. 미국, 스페인, 이탈리아, 독일, 프랑스, 중국, 영국, 이란, 스위스, 한국
	4월06일~ 4월12일	2020년 04월 2주차에 대한 정보를 담고 있는 컬럼입니다. 일자별로 발생한 데이터를 저장하고 있는 컬럼입니다

| STEP 01 | 실습에 사용될 라이브러리 및 해당 파일에 대한 변수들을 정의합니다.

```
import numpy as nd
import pandas as pd
import matplotlib.pyplot as plt

plt.rc('font', family='Malgun Gothic')
cnt, PNG, UNDERBAR = 0, '.png', '_'
CHART_NAME = 'brokenLineExam'
filename = './../data/주요발생국가주간동향(4월2째주).csv'
```

설명

변수 cnt, PNG, UNDERBAR, CHART_NAME 들은 해당 그래프를 이미지로 저장하고자 할 때 관련된 변수 목록입니다.

CHART_NAME 변수는 이미지에 붙여질 접두사 입니다.

생성되는 모든 이미지에는 'brokenLineExam'라는 접두사가 붙습니다

변수 cnt는 이미지 생성시 자동으로 증가하는 일련 번호 성격의 변수입니다.

PNG 변수는 확장자를 UNDERBAR는 파일의 이름 중간에 붙이는 언더바 성격의 변수입니다.

filename 변수에서 실습에 사용될 파일 이름 정보가 들어 있습니다.

| STEP 02 | 판다스의 read_csv() 함수를 사용하면 csv 파일을 읽어 들일 수 있습니다.

```
data = pd.read_csv(filename, index_col='국가')
print(data.columns)

Index(['4월06일', '4월07일', '4월08일', '4월09일', '4월10일', '4월11일', '4월12
일'], dtype='object')
```

설명

매개 변수 index_col은 색인으로 옮기고자 하는 컬럼을 지정하는 옵션입니다.

'국가' 컬럼은 읽어 들일 때, 매개 변수 index_col를 사용하여 미리 인덱스로 옮기도록 합니다.

columns 속성을 사용하여 컬럼에 대한 정보를 확인하도록 합니다.

'4월06일'부터 '4월12일'까지 일주일에 대한 컬럼 정보가 있음을 확인할 수 있습니다.

| STEP 03 **|** 발생 일자가 "4월06일"인 컬럼만 추출한 후, 데이터를 출력해 보도록 합니다.

```
chartdata = data['4월06일']
print(chartdata)

국가
미국              335524
스페인            130709
이탈리아          128948
독일              100024
프랑스            70478
중국              81708
영국              47806
이란              58226
스위스            21104
한국              10284

Name: 4월06일, dtype: int64

print(type(chartdata))
<class 'pandas.core.series.Series'>
```

(설명)

데이터를 확인해보면 미국이 다른 나라에 비하여 상대적으로 큰 값을 보이고 있고, 한국은 상대적으로 적은 값임을 확인할 수 있습니다.
데이터의 타입은 Series입니다.

| STEP 04 **|** 이 Series 데이터를 이용하여 꺾은 선 그래프를 그려 보도록 하겠습니다.

```
plt.plot(chartdata, color='blue', linestyle='solid', marker='o')
```

(설명)

plt.plot( ) 함수를 사용하면 그릴 수 있습니다.
매개 변수 color는 색상을 지정하는 옵션인데, 파란 색으로 지정하였습니다.
선의 유형은 linestyle 매개 변수를 이용하여 직선 형태로 그립니다
marker 매개 변수를 사용하여 원(circle) 모양으로 표시를 합니다.

| STEP 05 **|** y축에 대한 눈금에 대하여 콤마 유형을 지정하기 위하여 다음과 같이 코
딩합니다.

```
YTICKS_INTERVAL = 50000
maxlim = (int(chartdata.max( ) / YTICKS_INTERVAL) + 1) * YTICKS_INTERVAL

import numpy as np
values = np.arange(0, maxlim + 1, YTICKS_INTERVAL)
plt.yticks(values, ['%s' % format(val, ',') for val in values])
```

설명

YTICKS_INTERVAL 변수는 눈금에 그려질 간격을 지정합니다.
차트에 그려지는 눈금의 간격을 50000으로 지정하겠습니다.

maxlim 변수는 표시할 최대 눈금의 값을 지정합니다.
관련된 모든 변수들과 plt.yticks( ) 함수 사용시 format( ) 함수를 이용하여 콤마 유형을 지정합니다.

| STEP 06 **|** 차트에 눈금과 레이블을 지정합니다.

```
plt.grid(True)
plt.xlabel('국가명')
plt.ylabel(" 발생 건수 ")
plt.title('4월 6일 코로나 발생 건수')

cnt += 1
savefile = CHART_NAME + UNDERBAR + str(cnt).zfill(2) + PNG
plt.savefig(savefile, dpi=400)
print(savefile + ' 파일이 저장되었습니다.')
```

설명

차트에 격자 눈금 을 그린 다음 축과 축에 놓이는 레이블을 지정합니다.
grid( ) , x y그래프의 창에 대한 제목도 지정합니다.

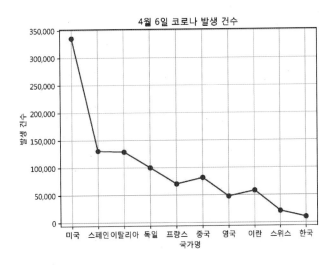

3.3.1 특정 국가의 특정 일자에 대한 꺾은 선 그래프

이번 예시에서는 특정 국가들의 특정 일자에 대한 꺾은 선 그래프를 그려 보고자 합니다.

| STEP 01 | COUNTRY 변수에는 특정 국가 목록을, WHEN 변수에는 추출하고자 하는 일자를 지정하는 변수입니다.

```
COUNTRY = [ '스페인', '프랑스', '독일', '중국', '영국', '이란']
WHEN = [ '4월06일', '4월07일', '4월08일', '4월09일', '4월10일']
chartdata = data.loc[COUNTRY, WHEN]

chartdata = chartdata.T
```

```
print(chartdata)
```

국가	스페인	프랑스	독일	중국	영국	이란
4월06일	130709	70478	100024	81708	47806	58226
4월07일	135032	74390	102453	81740	51608	60500
4월08일	140510	78167	107591	81802	55242	62589
4월09일	146690	82048	112113	81865	60733	64586
4월10일	152446	86334	118181	81907	65077	66220

loc 속성은 라벨의 이름을 이용하여 행과 열의 위치(location)를 찾아 주는 기능입니다.

임의의 행과 임의의 열을 선택하고자 할 때 유용하게 사용할 수 있는 속성입니다.

전치(transform)란 행과 열을 서로 맞바꾸는 것을 말하는 데, T 속성은 행과 열을 전치시킵니다.

chartdata 변수의 내용이 실제 차트를 그리고자 하는 데이터입니다.

행에는 날짜를 열에는 국가 이름으로 데이터를 만들었습니다.

| STEP 02 **|** chartdata 변수를 사용하여 다음과 같이 챠트를 그려 봅니다.

```
chartdata.plot(title='SomeTitie', figsize=(10, 6), legend = True, marker='o', rot=0)

plt.grid(True)
plt.xlabel('일자')
plt.ylabel('국가명')
plt.title('일자별 국가명 꺽은 선')

cnt += 1
savefile = CHART_NAME + UNDERBAR + str(cnt).zfill(2) + PNG
plt.savefig(savefile, dpi=400)
print(savefile + ' 파일이 저장되었습니다.')
```

설 명

figsize 매개 변수는 생성될 그래프의 크기를 튜플 형태로 지정합니다.

legend 매개 변수는 서브 플롯의 범례를 추가하는 옵션으로 기본 값은 True입니다.

rot 매개 변수는 눈금 이름을 회전 시킬 각도(단위 : degree)를 지정하면 되는 데 0에서 360 사이의 값을 지정하면 됩니다.

해 설

해당 국가별로 색상이 다르게 표시되고 있으며, 일자의 흐름을 따라서 꺽은 선 그래프 형
식으로 각각 출력됩니다.

스페인이 다른 국가에 비하여 상대적으로 발생 건수가 많음을 확인할 수 있습니다.

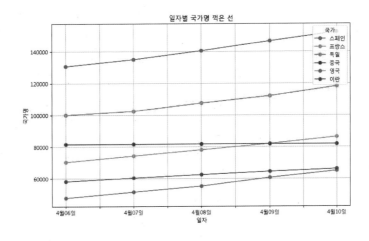

3.3.2 이중 축 꺽은 선 그래프

이번 예시에서는 이중 축 꺽은 선 그래프를 그려 보도록 합니다.

일반적으로 이중 축을 그리는 이유는 특정 항목의 값이 다른 항목의 값과 현저하게 차이가 나게 되면 다른 데이터들은 상대적으로 크거나 작아져 버리기 때문에 비교 판단하기가 어렵습니다.

그래서, 보조 y축을 만들어서 이중 축을 만드는 것입니다.

seaborn 라이브러리에서 제공되는 tips 데이터(tips.csv 파일)에 대한 컬럼 정보는 다음과 같습니다.

컬럼	설명	컬럼	설명
total_bill	전체 결재 금액	tip	지불한 팁
sex	성별	smoker	흡연 여부
day	이용한 요일	time	이용 시간(lunch, dinner 중 택일)
size	테이블 크기	-	-

| STEP 01 **|** 판다스를 이용하여 다음과 같이 데이터를 읽습니다.

데이터가 좀 많은 관계로 일부만 추출하여 처리해 보도록 합니다.

head( ) 함수를 사용하여 전체 행 중에서 100행만 추출하도록 합니다.

info( ) 함수를 사용하면 데이터의 전체적인 구조를 간략히 파악할 수 있습니다.

```python
tipsfile = './../data/tips.csv'

myframe = pd.read_csv(tipsfile)
myframe = myframe.head(100)

print(myframe.info( ))
```

```
<class 'pandas.core.frame.DataFrame'>
RangeIndex: 100 entries, 0 to 99
Data columns (total 8 columns):
 #   Column      Non-Null Count   Dtype
---  ------      --------------   -----
 0   Unnamed: 0  100 non-null     int64
 1   total_bill  100 non-null     float64
 2   tip         100 non-null     float64
 3   sex         100 non-null     object
 4   smoker      100 non-null     object
 5   day         100 non-null     object
 6   time        100 non-null     object
 7   size        100 non-null     int64
dtypes: float64(2), int64(2), object(4)
memory usage: 6.4+ KB
```

> **설 명**

데이터의 구조는 DataFrame이고, 다음과 같이 인덱스의 내용과 컬럼의 이름 및 컬럼의 데이터 타입, 메모리 사용량 등을
알려 줍니다.

Dtype을 살펴보면 object라는 항목이 보이는 데, 이것은 python의 문자열 데이터 타입(str)을 의미합니다.

참고로 판다스에서는 문자열을 object라고 표현합니다.

| STEP 02 **|** describe( ) 함수는 결측치 데이터(NaN) 값을 배제하고, 요약된 통계 정보
들을 간단히 보여 주는 함수입니다.

정보별 샘플의 개수(count), 평균(mean), 표준 편차(std), 최소값(min), Quantile val-
ue(4분위수) 등등을 보여 줍니다.

전체 데이터의 개수는 100개입니다.

```python
print(myframe.describe())
```

	Unnamed: 0	total_bill	tip	size
count	100.000000	100.000000	100.000000	100.000000
mean	49.500000	19.616700	3.059000	2.520000
std	29.011492	7.917297	1.287689	0.822413
min	0.000000	3.070000	1.000000	1.000000
25%	24.750000	14.817500	2.007500	2.000000
50%	49.500000	18.160000	3.000000	2.000000
75%	74.250000	22.990000	3.602500	3.000000
max	99.000000	48.270000	7.580000	4.000000

```
print(len(myframe))
```

100

| STEP 03 **|** 다음과 같이 계산된 총 지불 금액은 data_bill 변수에 팁 관련 내용은 data_tip 변수에 각각 저장합니다.

```
xrange = range(len(myframe))
data_bill = myframe.loc[:, ['total_bill']]
data_tip = myframe.loc[:, ['tip']]
```

| STEP 04 **|** set_title() 함수를 사용하여 서블 플롯의 제목을 지정합니다.

```
fig, ax1 = plt.subplots()

ax1.set_title('결재 금액과 Tip(이중 축)')

color = 'tab:red'

ax1.set_ylabel('결재 금액', color=color)
ax1.plot(xrange, data_bill, color=color)
ax1.tick_params(axis='y', labelcolor=color)

ax2 = ax1.twinx()  # instantiate a second axes that shares the same x-axis.

color = 'tab:blue'
ax2.set_ylabel('팁(tip)', color=color)  # we already handled the x-label with ax1
ax2.plot(xrange, data_tip, color=color)
ax2.tick_params(axis='y', labelcolor=color)

# otherwise the right y-label is slightly clipped
fig.tight_layout()

cnt = cnt + 1
savefile = CHART_NAME + UNDERBAR + str(cnt).zfill(2) + PNG
plt.savefig(savefile, dpi=400)
print(savefile + ' 파일이 저장되었습니다.')
```

set_ylabel( ) 함수는 y축에 놓이는 레이블을 지정합니다.

tick_params( ) 함수는 y축에 대한 색상을 지정하는 역할입니다.

예시에서는 결재 금액(좌측)에 빨간 색을, Top(우측)은 파란 색으로 지정하고 있습니다.

소스 코드에서 twinx( ) 함수는 동일한 x축을 공유하는 두 번째 y축을 만들어 내는 함수입니다.

그림에서 빨간 색으로 보이는 그래프는 '결재 금액'에 대한 꺽은 선 그래프입니다.

그림에서 파란 색으로 보이는 그래프는 '팁(tip)'에 대한 꺽은 선 그래프입니다.

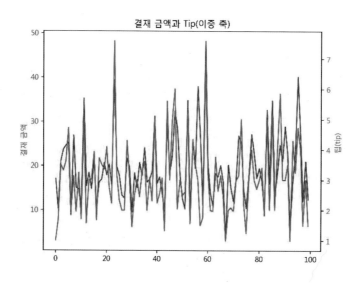

3.4 산점도 그래프

산점도는 2개의 연속형 변수 간의 관계(영향력)를 보기 위하여 직교 좌표의 x축과 y축에 관측점을 찍어서 만든 그래프입니다.

산포도에 표시되는 각 점들은 자료의 관측 값을 의미합니다.

산점도에서 각 점의 위치는 각 관측값이 가지는 x축, y축 변수의 값으로 결정되게 됩니다.

예시	나이와 소득에 대한 상호 관련성 파악하기
특징	두 변수간의 상관 관계를 개략적으로 파악할 수 있습니다.

예제파일 scatterPlotExam.py, mpg.csv, diamonds.csv

이번에 사용할 예시는 mpg 데이터 셋으로 ggplot2에서 제공하는 데이터 셋으로 1999년부터 2008년 사이의 가장 대중적인 모델 38개 자동차에 대한 연비 효율을 기록한 데이터 셋으로 전체 관측 234개와 11개의 변수로 구성되어 있습니다.

mpg.csv 파일의 컬럼 정보는 다음과 같습니다.

변수	설명	변수	설명
manufacturer	제조사	cyl	실린더의 수
model	모델	trans	변속기
displ	엔진 크기	drv	구동 방식을 의미합니다. 사륜(4), 전륜(f), 후륜(r)
year	연식	cty	gallon 당 도시 주행 마일수
hwy	gallon 당 고속도로 주행 마일 수	-	-

| STEP 01 | mpg.csv 파일을 읽어 들입니다.

그리고, 이번 예시에서는 'ggplot' 형식의 스타일을 사용해 보도록 하겠습니다.

참고로 matplotlib 라이브러리가 가지고 있는 스타일의 목록은 plt.style.available 명령어를 사용하면 확인 가능합니다.

각 스타일에 대한 테스트는 각각 실행해 보도록 합니다.

```python
import pandas as pd
import matplotlib.pyplot as plt

plt.rc('font', family='Malgun Gothic')
cnt, PNG, UNDERBAR = 0, '.png', '_'
CHART_NAME = 'scatterPlotExam'
filename = './../data/mpg.csv'
plt.style.use('ggplot') # 'ggplot' 형식의 스타일을 사용합니다.



print('스타일 목록')
print(plt.style.available)
```

스타일 목록
['Solarize_Light2', '_classic_test_patch', 'bmh', 'classic', 'dark_background', 'fast', 'fivethirtyeight', 'ggplot', 'grayscale', 'seaborn', 'seaborn-bright', 'seaborn-colorblind', 'seaborn-dark', 'seaborn-dark-palette', 'seaborn-darkgrid', 'seaborn-deep', 'seaborn-muted', 'seaborn-notebook', 'seaborn-paper', 'seaborn-pastel', 'seaborn-poster', 'seaborn-talk', 'seaborn-ticks', 'seaborn-white', 'seaborn-whitegrid', 'tableau-colorblind10']

|STEP 02| 산점도(scatter plot)는 직교 좌표계를 이용해 두 개 변수 간의 관계를 그 래프로 나타내는 방법입니다.
또한 산점도 그래프를 이용하면 데이터의 전반적인 흐름에서 벗어 나는 관측 자료인 이 상치를 간단히 확인할 수 있습니다.

컬럼 'displ'은 엔진의 크기, 'hwy'는 gallon 당 고속도록 주행 마일수를 의미합니다.
이 컬럼들을 이용하여 산점도 그래프를 다음과 같이 그려 보도록 합니다.

head( ) 함수는 데이터의 일부를 보여 주는 함수로써, 매개 변수가 없는 경우 기본 값으 로 5개의 행만 보여 줍니다.

```
mpg = pd.read_csv(filename, encoding='utf-8')

print(mpg.head( ))
```

	manufacturer	model	displ	year	cyl	trans	drv	cty	hwy	fl	class
0	audi	a4	1.8	1999	4	auto(l5)	f	18	29	p	compact
1	audi	a4	1.8	1999	4	manual(m5)	f	21	29	p	compact
2	audi	a4	2.0	2008	4	manual(m6)	f	20	31	p	compact
3	audi	a4	2.0	2008	4	auto(av)	f	21	30	p	compact
4	audi	a4	2.8	1999	6	auto(l5)	f	16	26	p	compact

```
print(mpg.info( ))
```

```
<class 'pandas.core.frame.DataFrame'>
RangeIndex: 234 entries, 0 to 233
Data columns (total 11 columns):
 #   Column        Non-Null Count   Dtype
---  ------        --------------   -----
 0   manufacturer  234 non-null     object
 1   model         234 non-null     object
 2   displ         234 non-null     float64
 3   year          234 non-null     int64
 4   cyl           234 non-null     int64
 5   trans         234 non-null     object
 6   drv           234 non-null     object
 7   cty           234 non-null     int64
 8   hwy           234 non-null     int64
 9   fl            234 non-null     object
 10  class         234 non-null     object
dtypes: float64(1), int64(4), object(6)
memory usage: 20.2+ KB
```

3.4.1 엔진 크기에 대한 주행 마일수의 산점도 그래프

| **STEP** 01 | x 축을 엔진 크기(displ)로, y축을 gallon 당 고속도로 주행 마일수(hwy)로
하는 산점도 그래프를 그려 보도록 합니다.
Pandas의 loc 속성을 사용하여 각각 xdata, ydata 변수에 값을 저장합니다.
변수 xdata와 ydata를 사용하여 다음과 같이 산점도 그래프를 그려 봅니다.
그래프에 모눈 격자 및 제목, x축과 y축에 레이블을 지정합니다.

```
xdata = mpg.loc[:, ['displ']]
ydata = mpg.loc[:, ['hwy']]

plt.figure()
plt.plot(xdata, ydata, marker='o', linestyle='None')
plt.xlabel("엔진 크기")
plt.ylabel("주행 마일수")
plt.title("산점도 그래프")
plt.grid(True)

cnt += 1
savefile = CHART_NAME + UNDERBAR + str(cnt).zfill(2) + PNG
plt.savefig(savefile, dpi=400)
print(savefile + ' 파일이 저장되었습니다.')
```

| **STEP** 02 | 그래프의 결과를 보면 대체적으로 '엔진의 크기'가 작을수록 '주행 마일수'
가 큼을 확인할 수 있습니다.
그래프의 스타일이 'ggplot' 형식으로 보입니다.

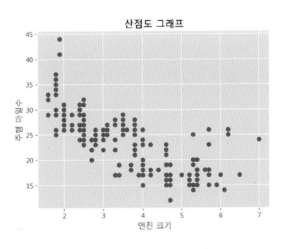

3.4.2 구동 방식에 의한 색상 구분하기

이번에는 x 축을 엔진 크기(displ)로, y축을 gallon 당 고속도록 주행 마일수(hwy)로 하는 산점도 그래프를 그리되, 구동 방식(drv) 컬럼에 따른 색상을 구분하여 처리해 보도록 합니다.

| STEP 01 **|** 구동 방식은 3가지의 유형('f' '4' 'r')을 가지고 있으므로, 색상 관련 리스트 mycolors를 다음과 같이 정의합니다.

또한 해당 구동 방식을 한글 이름으로 변경하기 위한 사전 label_dict을 정의합니다.

예를 들어서 사전 label_dict에서 구동 방식 'f'는 '전륜 구동' 방식을 의미합니다.

```python
mycolors = ['r', 'g', 'b'] # 항목을 구분한 색상 리스트

# 해당 구동 방식을 한글 이름으로 변경하기 위한 사전
label_dict = {'f':'전륜 구동', '4':'사륜 구동', 'r':'후륜 구동'}
```

| STEP 02 **|** 각 구동 방식과 Pandas의 loc 속성을 사용하여 다음과 같이 서로 다른 색상으로 산점도 그래프를 그립니다.

변수 idx는 색상 구분을 위한 카운터 변수의 용도로 사용하고 있습니다.

변수 labels와 for 구문을 이용하여 구동 방식에 대하여 반복문을 사용합니다.

plot( ) 함수 사용시 color 매개 변수와 label 매개 변수를 서로 다르게 적용하여 색상과 해당 레이브을 서로 다르게 그려 줍니다.

그래프에 모눈 격자 및 제목, x축과 y축에 레이블을 지정한 다음 이미지 파일로 저장합니다.

```python
plt.figure()

idx = 0 # 색상 구분을 위한 카운터 변수
labels = mpg['drv'].unique() # ['f' '4' 'r']

for finditem in labels:
    xdata = mpg.loc[mpg['drv'] == finditem, 'displ']
    ydata = mpg.loc[mpg['drv'] == finditem, 'hwy']
    plt.plot(xdata, ydata, color=mycolors[idx], marker='o', linestyle='None',
    label=label_dict[finditem])
    idx += 1
plt.legend()
plt.xlabel("엔진 크기")
plt.ylabel("주행 마일수")
```

```
plt.title( " 산점도 그래프 " )
plt.grid(True)

cnt += 1
savefile = CHART_NAME + UNDERBAR + str(cnt).zfill(2) + PNG
plt.savefig(savefile, dpi=400)
print(savefile + ' 파일이 저장되었습니다. ' )
```

| STEP 03 **|** '후륜 구동' 구동 방식은 대체적으로 엔진의 크기가 크고, 주행 마일수가 적습니다.

반면 '전륜 구동' 구동 방식은 대체적으로 엔진의 크기가 작고, 주행 마일수가 큽니다.

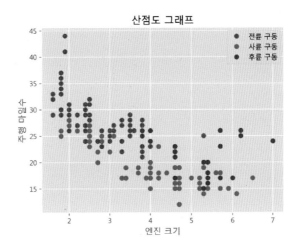

3.4.3 산점도와 히스토그램 동시에 그리기

| STEP 01 **|** Fig 객체와 gridspec 객체를 정의합니다.

gridspec 객체는 figure 객체 내에 서브 플로팅을 위한 grid 배치 관리자 역할을 합니다.

다음과 같이 메인 축과 우측과 하단의 축을 정의합니다.

메인 그래프에 산점도를 그립니다.

다음과 같이 하단과 오른쪽에 histogram을 그립니다.

다음과 같이 그래프의 타이틀 및 x축 및 y축에 놓여질 label을 지정합니다.

```
# Create Fig and gridspec
fig = plt.figure(figsize=(16, 10), dpi= 80)
grid = plt.GridSpec(4, 4, hspace=0.5, wspace=0.2)

# 축을 정의합니다.
ax_main = fig.add_subplot(grid[:-1, :-1])
ax_right = fig.add_subplot(grid[:-1, -1], xticklabels=[], yticklabels=[])
ax_bottom = fig.add_subplot(grid[-1, 0:-1], xticklabels=[], yticklabels=[])

# 메인 그래프에 산점도를 그립니다.
ax_main.scatter('displ', 'hwy', s=mpg.cty*4, c=mpg.manufacturer.astype('category').
cat.codes, alpha=.9, data=mpg, cmap="tab10", edgecolors='gray', linewidths=.5)

# 하단의 histogram
ax_bottom.hist(mpg.displ, 40, histtype='stepfilled', orientation='vertical',
color='lightpink')
ax_bottom.invert_yaxis()

# 오른쪽 histogram
ax_right.hist(mpg.hwy, 40, histtype='stepfilled', orientation='horizontal',
color='lightblue')

# Decorations
ax_main.set(title='산점도(엔진의 크기 vs 주행 마일수)', xlabel='엔진의 크기', ylabel='
주행 마일수')
ax_main.title.set_fontsize(20)
for item in ([ax_main.xaxis.label, ax_main.yaxis.label] + ax_main.get_xticklabels() + ax_
main.get_yticklabels()):
    item.set_fontsize(14)
```

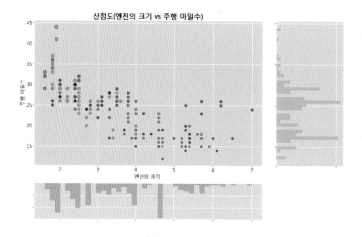

```
xlabels = ax_main.get_xticks( ).tolist( )
cnt += 1
savefile = CHART_NAME + UNDERBAR + str(cnt).zfill(2) + PNG
plt.savefig(savefile, dpi=400)
print(savefile + ' 파일이 저장되었습니다.')
```

```
[1.0, 2.0, 3.0, 4.0, 5.0, 6.0, 7.0, 8.0]
```

3.4.4 다이어몬드 데이터 셋과 산점도

이번에 사용할 diamonds 데이터 셋은 약 54,000개의 다이아몬드에 대한 속성을 기록하고 있는 데이터 프레임입니다.

다음과 같이 전체 53,940개의 관측치와 10개의 변수로 구성이 되어 있습니다.

컬럼	설명	컬럼	설명
price	다이아몬드의 가격 ($326 ~ $18,823)	x	길이 (0-10.74mm)
carat	다이아몬드의 무게	y	폭 (0~58.9mm)
cut	컷의 품질 (Fair,Good,Very Good, Premium Ideal)	depth	total depth percentage = z / mean(x, y) = 2 * z / (x + y) (43-79)
color	색상 (J: 가장 나쁨 ~ D:가장 좋음)	table	width of top of diamond relative to widest point (43-95)
clarity	선명도	-	-

| STEP 01 | 관련 파일을 읽어 들입니다.

전체 데이터가 매우 큰 관계로 일부분만 샘플링하여 테스트 해보도록 합니다.
랜덤하게 샘플링을 하므로 매 실행마다 다른 결과가 출력이 될 수 있습니다.

데이터 프레임에 판다스에서 제공하는 sample( ) 함수를 사용하여 샘플링을 수행합니다.
frac 매개 변수에 샘플링하고자 하는 비율을 입력하면 됩니다.

```
diamond_file = './../data/diamonds.csv'

diamonds = pd.read_csv(diamond_file)
print(diamonds)
```

	carat	cut	color	clarity	depth	table	price	x	y	z
0	0.23	Ideal	E	SI2	61.5	55.0	326	3.95	3.98	2.43
1	0.21	Premium	E	SI1	59.8	61.0	326	3.89	3.84	2.31
2	0.23	Good	E	VS1	56.9	65.0	327	4.05	4.07	2.31
3	0.29	Premium	I	VS2	62.4	58.0	334	4.20	4.23	2.63
4	0.31	Good	J	SI2	63.3	58.0	335	4.34	4.35	2.75
...	...	...	...	...	...	...	...	...	...	...
53935	0.72	Ideal	D	SI1	60.8	57.0	2757	5.75	5.76	3.50
53936	0.72	Good	D	SI1	63.1	55.0	2757	5.69	5.75	3.61
53937	0.70	Very Good	D	SI1	62.8	60.0	2757	5.66	5.68	3.56
53938	0.86	Premium	H	SI2	61.0	58.0	2757	6.15	6.12	3.74
53939	0.75	Ideal	D	SI2	62.2	55.0	2757	5.83	5.87	3.64

53940 rows × 10 columns

```
# 데이터가 매우 커서 전체의 일부분만 샘플링합니다.
FRACTION = 0.005
diamonds = diamonds.sample(frac=FRACTION)

print(diamonds.columns)
```

```
Index(['carat', 'cut', 'color', 'clarity', 'depth', 'table', 'price', 'x', 'y',
       'z'],
      dtype='object')
```

| STEP 02 **|** 해당 데이터 프레임에 대하여 간략한 통계 정보를 확인합니다.
현재 행의 개수는 count에 표준 편차는 std에 정보가 들어 있습니다.
그리고, max는 최대 값을 의미합니다.

```
print(diamonds.describe( ))
```

	carat	depth	table	price	x	y	z
count	270.000000	270.000000	270.000000	270.000000	270.000000	270.000000	270.000000
mean	0.776704	61.793704	57.294444	3857.488889	5.665889	5.672926	3.504037
std	0.479340	1.197145	2.376497	3936.616272	1.137337	1.130421	0.706519
min	0.230000	57.400000	53.000000	431.000000	3.850000	3.910000	2.430000
25%	0.380000	61.100000	56.000000	943.250000	4.635000	4.652500	2.862500
50%	0.630000	61.800000	57.000000	2073.000000	5.550000	5.545000	3.410000
75%	1.057500	62.500000	58.000000	5385.750000	6.550000	6.547500	4.057500
max	3.010000	66.100000	69.000000	18710.000000	9.410000	9.320000	5.590000

head( ) 함수를 사용하여 데이터의 일부를 확인해 봅니다.

```
print(diamonds.head( ))
```

	carat	cut	color	clarity	depth	table	price	x	y	z
25964	2.53	Premium	H	SI2	61.1	57.0	15148	8.82	8.76	5.37
22921	1.25	Very Good	G	VVS1	60.6	60.0	10962	6.92	6.95	4.20
41309	0.50	Very Good	F	SI1	60.2	62.0	1213	5.10	5.13	3.08
13766	1.04	Premium	E	SI1	62.2	56.0	5612	6.56	6.49	4.06
34638	0.31	Ideal	E	VS2	61.8	55.0	872	4.39	4.35	2.70

| STEP 03 | x축에는 다이아몬드의 가격을 y축에는 깊이에 대한 값들을 저장합니다.
차트에 그려질 원의 크기는 "table" 컬럼을 사용하도록 합니다.
샘플링된 데이터의 table의 값은 53.0에서 68.0사이의 값으로 출력되고 있습니다.

```
xdata = diamonds[ 'price' ] # x축
ydata = diamonds[ 'depth' ] # y축
table = diamonds[ 'table' ]  # 원의 크기


print(table.max( ))
```

69.0

```
print(table.min( ))
```

53.0

| STEP 04 | mycolor 변수는 컷(cut)의 품질에 따른 색상을 의미합니다.
cut_list 변수를 확인해보면 ['Ideal' 'Premium' 'Very Good' 'Fair' 'Good'] 임을 확인할
수 있습니다.
cut_list 변수를 사용하여 cut_dict 사전 변수를 다음과 같이 생성합니다.

cut_dict 사전은 cut의 각 품질에 따른 색상 정보를 저장하고 있습니다.
예를 들어서 컷의 품질 'Ideal'에 대해서는 빨간 색상('r')을 지정합니다.

cut_dict 사전의 내용은 {'Ideal': 'r', 'Premium': 'g', 'Very Good': 'b', 'Fair': 'y',
'Good': 'm'}와 같습니다.

```
mycolor = ['r', 'g', 'b', 'y', 'm']
cut_list = diamonds['cut'].unique()
print('cut_list')
print(cut_list)
```

```
array(['Premium', 'Very Good', 'Ideal', 'Fair', 'Good'], dtype=object)
```

```
cut_dict = {cut_list[idx]:mycolor[idx] for idx in range(len(cut_list))}
print('cut_dict')
print(cut_dict)
```

```
{'Premium': 'r', 'Very Good': 'g', 'Ideal': 'b', 'Fair': 'y', 'Good': 'm'}
```

| STEP 05 **|** recode_cut 함수는 컷의 품질에 따른 색상을 반환해주는 함수입니다.
apply 함수를 적용하여 각 행마다 색상을 별도로 지정합니다.

파생 컬럼 'newcut'에는 해당 cut 컬럼에 대한 색상과 관련된 문자열 값을 대입해 줍니다.
예를 들어서, cut이 'Very Good'이면 색상 문자열 'r'이 대입되는 형식입니다.

```
def recode_cut(cut):
    return cut_dict[cut]

# 문자열 데이터를 숫자형으로 변환
diamonds['newcut'] = diamonds['cut'].apply(recode_cut)
newcut = diamonds['newcut'] # 범주형 자료(숫자형)
```

| STEP 06 **|** recode_table 함수는 차트에 그려지는 원의 크기를 지정해주는 함수입니다.
상단의 너비를 의미하는 table 컬럼의 값이 60 이상이면 원의 크기를 100으로 지정합니다.
동일한 방식으로 58 이상이면 원의 크기를 30, 54 이상이면 원의 크기를 5로 지정합니다.
이 값들은 시각적인 구분을 위하여 임의로 지정한 값이므로 사용자가 지정하고 싶은 데
로 코딩하셔도 상관이 없습니다.

```
def recode_table(table):
    if table >= 60:
        return 100 .
    elif table >= 58:
        return 30
```

```
    elif table >= 54:
        return 5
    else :
        return 1
diamonds['newtable'] = diamonds['table'].apply(recode_table)
newtable = diamonds['newtable'] # 범주형 자료(숫자형)
```

| STEP 07 **|** 시각화를 위한 컬럼들을 별도로 다시 추출합니다.

```
print(diamonds.loc[:, ['price', 'depth', 'newtable', 'table', 'newcut']])
```

	price	depth	newtable	table	newcut
25964	15148	61.1	5	57.0	r
22921	10962	60.6	100	60.0	g
41309	1213	60.2	100	62.0	g
13766	5612	62.2	5	56.0	r
34638	872	61.8	5	55.0	b
...	...	...	...	...	...
40881	1176	62.2	5	56.0	b
36015	921	61.5	5	57.0	b
45497	1680	60.0	100	61.5	g
34643	872	61.6	5	57.0	b
41614	504	61.7	5	56.0	g

270 rows × 5 columns

| STEP 08 **|** 그래프와 관련된 변수들을 이용하여 다음과 같이 산점도 그래프를 그려
봅니다.

scatter( ) 함수의 매개 변수 's'는 도형의 크기를 지정합니다.

그리고, 매개 변수 'c'는 색상 이름 또는 숫자의 연속형이면 됩니다.

```
import matplotlib.pyplot as plt
scatter_plot = plt.figure( )
ax1 = scatter_plot.add_subplot(1, 1, 1)

# 매개 변수
# 's'는 도형의 크기를 지정합니다.
# 'c'는 색상 이름 또는 숫자의 연속형이면 됩니다.
ax1.scatter(x=xdata, y=ydata, s=newtable, c=newcut, alpha=0.8)

ax1.set_title('Price vs Depth Colored by Cut and Table')
ax1.set_xlabel('Price')
ax1.set_ylabel('Depth')
```

```
cnt += 1
savefile = CHART_NAME + UNDERBAR + str(cnt).zfill(2) + PNG
plt.savefig(savefile, dpi=400)
print(savefile + ' 파일이 저장되었습니다.')
```

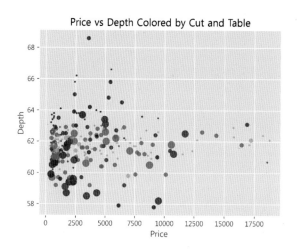

3.5 막대 그래프

막대 그래프부터는 PyCharm이라는 Tool을 사용하여 진행해 보도록 하겠습니다.

막대 그래프란 여러 가지 통계 데이터나 양(量)을 막대 모양의 길이로 나타낸 그래프를 말합니다.

크고 작음을 한 눈에 이해할 수 있기 때문에 많이 사용되며, 다만 시간의 흐름에 따라 변화를 표현하는 것이라면 꺾은 선 그래프를 사용하는 것이 좋습니다.

사용 예시	수량의 많고 적음을 비교하고자 할 때 사용합니다. 변화된 양에 대하여 일별/월별/년별 통계 등의 비교에 사용합니다. 체력장에서 학생별 줄 넘기를 성공한 개수를 나타냅니다.
특징	각 항목의 수량의 크기를 비교하기가 쉽습니다. 시각적으로 전체를 한눈에 쉽게 파악할 수 있습니다. 각 항목에 대한 수량의 크기를 정확히 나타낼 수 있습니다. 가독성 면에선 일반적으로 항목의 개수가 적으면 가로 막대가 좋고 항목이 많으면 세로 막대가 보기에 편리합니다.

barChartExam.py, 주요발생국가주간동향(4월2째주).csv

'주요발생국가주간동향(4월2째주).csv' 파일을 사용하여 막대 그래프를 그려 봅니다.

이번 예시에서 구현해보고자 하는 내용은 다음과 같습니다.

구현 내용
특정 일자에 대하여 국가별 발생 건수에 대하여 일변량 막대 그래프를 그려 봅니다. 특정 국가별 특정 일자에 대하여 다변량 막대 그래프를 그려 봅니다. 특정 일자별 특정 국가에 대하여 다변량 막대 그래프를 그려 봅니다. 특정 일자별 특정 국가에 대하여 누적된 다변량 막대 그래프를 그려 봅니다. 전체의 평균 값에 대한 수평선을 그려 봅니다. 각 막대의 수치를 표현해 봅니다.

3.5.1 특정 일자 일변량 막대 그래프

첫 번째 예시로 특정한 일자, 특정 국가들에 대한 막대 그래프를 그려 보고자 합니다.

| STEP 01 | 우선 관련된 라이브러리를 읽고, 관련 변수들을 다음과 같이 정의합니다.

```python
import numpy as np
import matplotlib.pyplot as plt

plt.rc('font', family='Malgun Gothic')
cnt, PNG, UNDERBAR = 0, '.png', '_'
CHART_NAME = 'barChartExam'
filename = './../data/주요발생국가주간동향(4월2째주).csv'
```

| STEP 02 | 첨부 파일을 읽어 들여서, 컬럼들에 대한 정보를 확인합니다.

전체 데이터는 4월 6일부터 12일까지의 일주일간 정보를 저장하고 있는 파일입니다.

index_col 매개 변수를 사용하여 '국가' 컬럼은 색인으로 옮깁니다.

```python
import pandas as pd

data = pd.read_csv(filename, index_col='국가')

print(data.columns)
Index(['4월06일', '4월07일', '4월08일', '4월09일', '4월10일', '4월11일', '4월12일'], dtype='object')
```

| STEP 03 **|** 관심을 가지고자 하는 '4월06일' 데이터의 내용을 확인해보고, 해당 데이터의 유형을 확인합니다.

미국을 비롯한 총 10개국의 발생 건수가 출력되고 있습니다.

해당 데이터의 유형은 Pandas의 Series 자료 구조입니다.

```
chartdata = data['4월06일']
print(chartdata)
국가
미국          335524
스페인        130709
이탈리아      128948
독일          100024
프랑스         70478
중국           81708
영국           47806
이란           58226
스위스         21104
한국           10284
Name: 4월06일, dtype: int64

print('type(chartdata)')
type(chartdata)
<class 'pandas.core.series.Series'>
```

| STEP 04 **|** 일변량 막대 그래프를 그려 주는 사용자 정의 함수 MakeBarChart01()를 정의합니다.

참고로, 사용자 정의 함수는 반드시 만들 필요는 없습니다.

하지만, 비슷한 형태의 데이터를 이용하여 매번 동일한 형식의 그래프를 그리는 것이라면, 사용자 정의 함수를 만들어서 여러 번 호출하는 것이 좋습니다.

이러한 것을 모듈화(modularization)라고 합니다.

함수와 관련된 매개 변수는 다음과 같습니다.

매개 변수	설명
x	해당 Series의 index 정보입니다.
y	해당 Series의 데이터 정보입니다.
color	색상에 대한 정보를 저장하고 있는 python의 list 자료형입니다.
xlabel	x축에 보여지는 레이블 문자열을 지정합니다.
ylabel	y축에 보여지는 레이블 문자열을 지정합니다.
title	그래프의 제목을 위한 문자열을 지정합니다.

| STEP 05 **|** 막대 그래프를 그린 다음 x 축의 label과 y 축의 label을 표시합니다.
yticks() 함수의 format() 함수는 y축의 숫자 유형을 콤마로 표시하기 위하여 사용합니다.
반복문을 사용하여 그래프에 발생 건수를 표시하고, 중간 영역에 비율도 표시합니다.
전체 데이터에 대한 평균 값에 대한 수평선으로 그려 줍니다.
전체 그래프를 이미지 파일로 저장합니다.

```python
# plt.bar( ) 메소드를 사용한 막대 그래프
def MakeBarChart01(x, y, color, xlabel, ylabel, title):
    plt.figure( )
    plt.bar(x, y, color=color, alpha=0.7)

    plt.xlabel(xlabel)
    plt.ylabel(ylabel)
    plt.title(title)
    # plt.grid(True)

    YTICKS_INTERVAL = 50000

    maxlim = (int(y.max( ) / YTICKS_INTERVAL) + 1) * YTICKS_INTERVAL
    print(maxlim)

    values = np.arange(0, maxlim + 1, YTICKS_INTERVAL)

    plt.yticks(values, ['%s' % format(val, ',') for val in values])

    # 그래프 위에 건수와 비율 구하기
    ratio = 100 * y / y.sum( )
    print(ratio)
    print('-' * 40)

    plt.rc('font', size=6)
    for idx in range(y.size):
        value = format(y[idx], ',') + '건'  # 예시 : 60건
        ratioval = '%.1f%%' % (ratio[idx])  # 예시 : 20.0%
        # 그래프의 위에 "건수" 표시
        plt.text(x=idx, y=y[idx] + 1, s=value, horizontalalignment='center')
        # 그래프의 중간에 비율 표시
        plt.text(x=idx, y=y[idx] / 2, s=ratioval, horizontalalignment='center')

    # 평균 값을 수평선으로 그리기
    meanval = y.mean( )
    print(meanval)
    print('-' * 40)

    average = '평균 : %d건' % meanval
    plt.axhline(y=meanval, color='r', linewidth=1, linestyle='dashed')
    plt.text(x=y.size - 1, y=meanval + 200, s=average, horizontalalignment='center')

    global cnt
    cnt = cnt + 1
    savefile = CHART_NAME + UNDERBAR + str(cnt).zfill(2) + PNG
    plt.savefig(savefile, dpi=400)
    print(savefile + ' 파일이 저장되었습니다.')
# def MakeBarChart01
```

| STEP 06 **|** mycolor 변수는 그래프에 대한 색상을 지정하는 리스트입니다.
예시에서 "w"는 흰색이라서 제외하도록 합니다.

준비된 데이터 chartdata를 이용하여 막대 그래프를 그려 주는 함수 MakeBarChart01를
호출합니다.

```
colors = ['b', 'g', 'r', 'c', 'm', 'y', 'k']

mycolor = colors[0:len(chartdata)]

MakeBarChart01(x=chartdata.index, y=chartdata, color=mycolor, xlabel='국가명', ylabel='발생건
수', title='국가별 코로나 발생 건수')
```

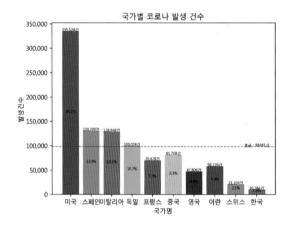

3.5.2 특정 국가별 일별 다변량 막대 그래프

이번 예시에서는 특정 국가별 특정 일자에 대한 다변량 막대 그래프를 그려 보고자 합니다.
다음 함수 MakeBarChart02 역시 데이터 프레임을 사용하여 막대 그래프를 그려 주는
사용자 정의 함수입니다.

매개 변수	설명
chartdata	그래프를 그리고자 하는 DataFrame입니다.
rotation	xticks의 레이블 회전 각도를 의미합니다.
title	창의 제목 문자열을 지정하는 옵션입니다.
ylim	y축을 위한 눈금의 상하한선 값을 지정하는 옵션입니다. 기본 값은 None입니다.
stacked	기본 값은 False로, 누적 막대 그래프를 그릴지의 여부를 지정합니다.
yticks_interval	기본 값은 10000으로, y축의 눈금 간격과 관련된 변수입니다.

| STEP 01 **|** 매개 변수 stacked는 누적 그래프를 그릴 것인가를 나타내는 boolean 데이터 타입입니다.

해당 값이 True이면 누적 막대 그래프를 생성해 줍니다.

국가별 누적 합은 Pandas의 통계 함수 sum(axis=1)을 사용하면 됩니다.

```python
def MakeBarChart02(chartdata, rotation, title, ylim=None, stacked=False, yticks_interval = 10000):
    plt.figure( )
    # 범례에 제목을 넣으려면 plot( ) 메소드의 legend 옵션을 사용해야 합니다.
    chartdata.plot(kind='bar', rot=rotation, title=title, legend=True, stacked=stacked)

    plt.legend(loc='best')

    print('chartdata')
    print(chartdata)

    if stacked == False :
        # max(chartdata.max( ))은 항목들 값 중에서 최대 값을 의미합니다.
        maxlim = (int(max(chartdata.max( )) / yticks_interval) + 1) * yticks_interval
        print('maxlim : ', maxlim)
        values = np.arange(0, maxlim + 1, yticks_interval)
        plt.yticks(values, ['%s' % format(val, ',') for val in values])

    else : # 누적 막대 그래프
        # 국가별 누적 합인 chartdata.sum(axis=1))의 최대 값에 대한 연산이 이루어 져야 합니다.
        maxlim = (int(max(chartdata.sum(axis=1)) / yticks_interval) + 1) * yticks_interval
        print('maxlim : ', maxlim)
        values = np.arange(0, maxlim + 1, yticks_interval)
        plt.yticks(values, ['%s' % format(val, ',') for val in values])

    # y축의 상하한 값이 주어 지는 경우에만 설정합니다.
    if ylim != None :
        plt.ylim(ylim)
    global cnt
    cnt = cnt + 1
    savefile = CHART_NAME + UNDERBAR + str(cnt).zfill(2) + PNG
    plt.savefig(savefile, dpi=400)
    print(savefile + ' 파일이 저장되었습니다.')
# def MakeBarChart02
```

| STEP 02 **|** 엑셀 파일을 다시 읽습니다.

4개국('프랑스', '중국', '영국', '이란') 데이터 정보를 COUNTRY 변수에 저장합니다.

3일치('4월06일', '4월07일', '4월08일') 데이터 정보를 WHEN 변수에 저장합니다.

데이터가 정확히 추출되었는 지 출력해 봅니다.

```
data = pd.read_csv(filename, index_col='국가')
print(data.columns)
Index(['4월06일', '4월07일', '4월08일', '4월09일', '4월10일', '4월11일', '4월12일'], dtype='object')

COUNTRY = ['프랑스', '중국', '영국', '이란']
WHEN = ['4월06일', '4월07일', '4월08일']
data = data.loc[COUNTRY, WHEN]

print(data)
       4월06일  4월07일  4월08일
국가
프랑스   70478  74390  78167
중국    81708  81740  81802
영국    47806  51608  55242
이란    58226  60500  62589
```

| STEP 03 **|** 데이터 프레임의 인덱스 이름과 컬럼 이름을 다음과 같이 지정하고, 그래 프를 그리기 위하여 MakeBarChart02 함수를 호출합니다.

인덱스의 이름은 차트에서 x축의 레이블로 출력이 됩니다.

```
data.index.name = '국가명'
data.columns.name = '일자'

MakeBarChart02(chartdata=data, rotation=0, title='국가별 일별 발생 건수')
```

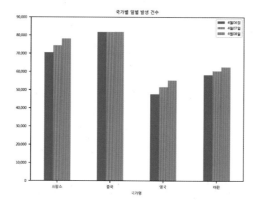

3.5.3 일별 국가별 다변량 막대 그래프

| **STEP** 01 | 일자별로 각 국가의 데이터 정보를 보여 주기 위하여 데이터 프레임을 전치(transform)시킵니다.

그리고, MakeBarChart02 함수를 다시 호출합니다.

```
# 전치 프레임을 그래프로 그려 보기
dataT = data.T

print(dataT)
 국가명     프랑스    중국     영국     이란
 일자
 4월06일   70478   81708   47806   58226
 4월07일   74390   81740   51608   60500
 4월08일   78167   81802   55242   62589

MakeBarChart02(chartdata=dataT, rotation=0, title='일별 국가별 발생 건수')
```

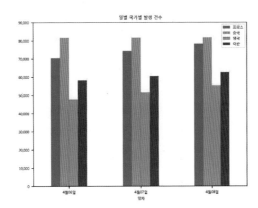

3.5.4 일별 국가별 누적 막대 그래프

| **STEP** 01 | 일별 국가별 발생 건수를 누적된 형태로 출력합니다.

stacked 매개 변수를 True으로 지정하면 누적된 형태로 그릴 수 있습니다.

```
ymax = dataT.sum(axis=1)
ymaxlimit = ymax.max( ) + 10

MakeBarChart02(chartdata=data, rotation=0, title='국가별 일별 발생 건수(누적)', ylim=[0,
ymaxlimit], stacked=True, yticks_interval=50000)
```

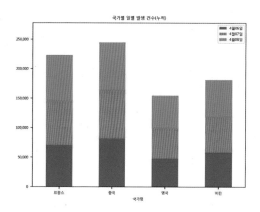

3.5.5 국가별 일별 누적 가로 막대 그래프

| STEP 01 **|** 이번 예시에서는 3개국('프랑스', '영국', '중국')의 데이터를 사용합니다. loc 속성을 사용하여 3개국에 해당하는 행들을 추출합니다.

```
data = pd.read_csv(filename, index_col='국가')

three = [item for item in data.index if item in ['프랑스', '영국', '중국']]
print(three)
['프랑스', '중국', '영국']

data = data.loc[three]

print(data)

         4월06일   4월07일   4월08일   4월09일   4월10일   4월11일   4월12일
국가
프랑스     70478   74390   78167   82048   86334   90276   93790
중국      81708   81740   81802   81865   81907   81953   82052
영국      47806   51608   55242   60733   65077   73758   78991
```

| STEP 02 **|** 변수 column_names에 해당 컬럼들의 이름을 list 형식으로 저장해 둡니다.

```
column_names = data.columns.tolist( )

print('column_names')
print(column_names)
column_names
['4월06일', '4월07일', '4월08일', '4월09일', '4월10일', '4월11일', '4월12일']
```

| STEP 03 **|** 사전 chartdata에 국가를 key로 국가별 numpy 배열 데이터를 values으로 저장합니다.

```
# 국가별 numpy 배열을 저장하고 있는 사전
chartdata = {}

for row in data.index:
    # print(data.loc[row])
    # print(type(row))
    chartdata[row] = data.loc[row].values

print('chartdata')
print(chartdata)
chartdata
{'프랑스': array([70478, 74390, 78167, 82048, 86334, 90276, 93790], dtype=int64),
 '중국': array([81708, 81740, 81802, 81865, 81907, 81953, 82052], dtype=int64),
 '영국': array([47806, 51608, 55242, 60733, 65077, 73758, 78991], dtype=int64)}
```

가로 누적 막대 그래프(차트)를 그려 주는 사용자 정의 함수 MakeBarChart03를 정의합니다.

매개 변수	설명
chartdata	그래프를 그리고자 하는 pythoh 사전 데이터입니다.
column_names	데이터의 컬럼 이름 정보를 저장하고 있는 list입니다.

```
def MakeBarChart03(chartdata, column_names):
    """
    Parameters
    ----------
    chartdata : dict
        A mapping from question labels to a list of answers per category.
        It is assumed all lists contain the same number of entries and that
        it matches the length of *column_names*.
    column_names : list of str
        The category labels.
    """
    labels = list(chartdata.keys( ))
    data = np.array(list(chartdata.values( )))
    data_cum = data.cumsum(axis=1)
    category_colors = plt.get_cmap('RdYlGn')(
        np.linspace(0.15, 0.85, data.shape[1]))
    fig, ax = plt.subplots(figsize=(9.2, 5))
    ax.invert_yaxis( )
    ax.xaxis.set_visible(False)
    ax.set_xlim(0, np.sum(data, axis=1).max( ))

    for i, (colname, color) in enumerate(zip(column_names, category_colors)):
        widths = data[:, i]
        starts = data_cum[:, i] - widths
        ax.barh(labels, widths, left=starts, height=0.5,
                label=colname, color=color)
        xcenters = starts + widths / 2
```

```
    r, g, b, _ = color
    text_color = 'white' if r * g * b < 0.5 else 'darkgrey'
    for y, (x, c) in enumerate(zip(xcenters, widths)):
        ax.text(x, y, str(int(c)), ha='center', va='center',
                color=text_color)
ax.legend(ncol=len(column_names), bbox_to_anchor=(0, 1),
          loc='lower left', fontsize='small')

global cnt
cnt = cnt + 1
savefile = CHART_NAME + UNDERBAR + str(cnt).zfill(2) + PNG
plt.savefig(savefile, dpi=400)
print(savefile + ' 파일이 저장되었습니다.')

    return fig, ax
# end def MakeBarChart03
```

| STEP 04 **|** 함수를 호출하여 그래프를 그립니다.

```
MakeBarChart03(chartdata, column_names)
```

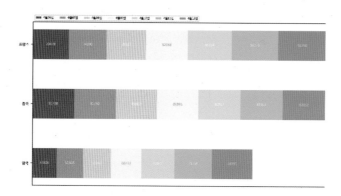

3.5.6 서브 플로팅 사용하기

| STEP 01 **|** 2행 1열을 가진 서브 플롯을 이용하여 막대 그래프 2개를 그려 봅니다.

매개 변수	설명
chartdata	차트를 그리고자 하는 DataFrame입니다.
suptitle	서브 플롯의 상단에 놓여질 창의 제목을 의미합니다.

```
def MakeBarChart04(chartdata, suptitle):
    fig, axes = plt.subplots(nrows=2, ncols=1)  # 2행 1열

    chartdata.plot(kind='bar', ax=axes[0], rot=0, alpha=0.7)

    # color='m'은 자홍색
    chartdata.plot(kind='barh', ax=axes[1], color='m', alpha=0.7)

    fig.suptitle(suptitle)  # sup : super

    global cnt
    cnt = cnt + 1
    savefile = CHART_NAME + UNDERBAR + str(cnt).zfill(2) + PNG
    plt.savefig(savefile, dpi=400)
    print(savefile + ' 파일이 저장되었습니다.')
# end def MakeBarChart04
```

| STEP 02 **|** 엑셀 파일을 읽어서, 미국과 관련된 데이터만 따로 추출합니다.

함수 MakeBarChart04를 호출하여 2행 1열의 Sub Plotting된 그래프를 그립니다.

```
data = pd.read_csv(filename, index_col='국가')

only_usa = [item for item in data.index if item in ['미국']]
# print(only_usa)

data = data.loc[only_usa].T
print(data)

국가         미국
4월06일     335524
4월07일     364723
4월08일     387547
4월09일     424945
4월10일     461437
4월11일     495535
4월12일     524903

print(type(data))
<class 'pandas.core.frame.DataFrame'>

MakeBarChart04(chartdata=data, suptitle='서브 플로팅')
```

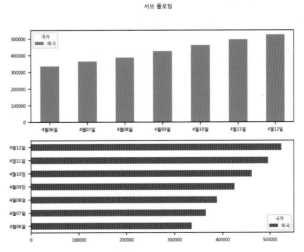

3.5.7 Table이 존재하는 막대 그래프

| STEP 01 **|** 막대 그래프를 보여 주면서 엑셀의 표처럼 데이터의 내용을 보여 주는 그래프를 그려 보도록 하겠습니다.

파일을 읽어 와서, 컬럼 구조를 확인합니다.

```
# 엑셀처럼 Table이 존재하는 Bar Chart 그리기
data = pd.read_csv(filename, index_col='국가')

print(data.columns)
Index(['4월06일', '4월07일', '4월08일', '4월09일', '4월10일', '4월11일', '4월12일'], dtype='object')
```

| STEP 02 **|** 관심을 가지고자 하는 국가 목록과 일자 목록을 사용하여 다음과 같이 데이터를 추출합니다.

```
COUNTRY = ['스페인', '프랑스', '중국', '영국', '이란']
WHEN = ['4월06일', '4월07일', '4월08일', '4월09일', '4월10일']
data = data.loc[COUNTRY, WHEN]

print('data')
print(data)
data

          4월06일   4월07일   4월08일   4월09일   4월10일
국가
스페인     130709   135032   140510   146690   152446
프랑스      70478    74390    78167    82048    86334
중국       81708    81740    81802    81865    81907
영국       47806    51608    55242    60733    65077
이란       58226    60500    62589    64586    66220
```

| STEP 03 **|** rows 변수는 테이블에 보이는 행 색인의 내용을, columns 변수는 테이블에 보이는 열 색인의 내용 정보를 저장하고 있습니다.

rows 변수에는 '국가의 이름'들에 대한 정보를 저장하고 있습니다.

columns 변수는 '발생 일자'들에 대한 정보를 저장하고 있습니다.

```
rows = [x for x in data.index]
print('rows')
print(rows)
rows
['스페인', '프랑스', '중국', '영국', '이란']

columns = [x for x in data.columns]
print('columns')
print(columns)
columns
['4월06일', '4월07일', '4월08일', '4월09일', '4월10일']
```

| STEP 04 **|** LEFT_MARGIN 변수는 Table의 셀 1개의 너비를 1.0으로 보았을 때, 막대 그래프가 그려질 왼쪽의 마진 값을 지정합니다.

값이 0.3이므로 실제 막대 그래프의 너비(bar_width 변수)는 1-2*0.3=0.4가 됩니다.

```
print('데이터 최대 값 :', max(data.max( )))
데이터 최대 값 : 152446

n_rows = len(data) # 행 수
print('n_rows :', n_rows)
n_rows : 5

LEFT_MARGIN = 0.3
index = np.arange(len(columns)) + LEFT_MARGIN
print('ind예시 : ', index)
ind예시 :  [0.3 1.3 2.3 3.3 4.3]

# Initialize the vertical-offset for the stacked bar chart.
y_offset = np.zeros(len(columns))
print('y_offset :', y_offset)
y_offset : [0. 0. 0. 0. 0.]
```

| STEP 05 **|** 막대 그래프를 생성하고, 하단 Table의 cell에 들어갈 문자열을 생성합니다.

```
# Plot bars and create text labels for the table
cell_text = [] # 표에 들어 가는 텍스트 내용
plt.figure( )
for row in data.index:
    print('data[row]')
    chartdata = data.loc[row].tolist( )
    print(chartdata)

    # bottom
    plt.bar(index, chartdata, bar_width, bottom=y_offset, label=row)

    # y_offset에는 열 단위로 누적된 값이 들어 갑니다.
    y_offset = y_offset + chartdata
    # y_offset = chartdata
    print('y_offset')
    print(y_offset)

    cell_text.append([format(x, ',') for x in chartdata])
    # cell_text.append([format(x, ',') for x in y_offset])
# end for
```

STEP 06 ┃ plt.table() 함수를 사용하여 테이블을 생성합니다.

```
cell_text.reverse( )
rows = [rows[idx] for idx in range(len(rows) - 1, -1, -1) ]

# Add a table at the bottom of the axes
print('cell_text : ', cell_text)
cell_text :  [['58,226', '60,500', '62,589', '64,586', '66,220'], ['47,806',
'51,608', '55,242', '60,733', '65,077'], ['81,708', '81,740', '81,802',
'81,865', '81,907'], ['70,478', '74,390', '78,167', '82,048', '86,334'],
['130,709', '135,032', '140,510', '146,690', '152,446']]

print('rows : ', rows)
rows :  ['이란', '영국', '중국', '프랑스', '스페인']

print('columns : ', columns)
columns :  ['4월06일', '4월07일', '4월08일', '4월09일', '4월10일']

the_table = plt.table(cellText=cell_text, rowLabels=rows, colLabels=columns, loc='bottom')

plt.legend(loc='best')
# Adjust layout to make room for the table:
plt.subplots_adjust(left=0.2, bottom=0.2)

plt.ylabel("발생 건수")

# values : y축의 눈금의 상한 값과 간격 지정하기
YTICKS_INTERVAL = 50000 # 단위 눈금 간격
maxlim = (int(y_offset.max( )/YTICKS_INTERVAL)+1)*YTICKS_INTERVAL
print(maxlim)

values = np.arange(0, maxlim, YTICKS_INTERVAL)

plt.yticks(values, ['%s' % format(val, ',') for val in values])
plt.xticks([])
plt.title('테이블이 있는 막대 그래프')

cnt += 1
savefile = CHART_NAME + UNDERBAR + str(cnt).zfill(2) + PNG
plt.savefig(savefile, dpi=400)
print(savefile + ' 파일이 저장되었습니다.')
```

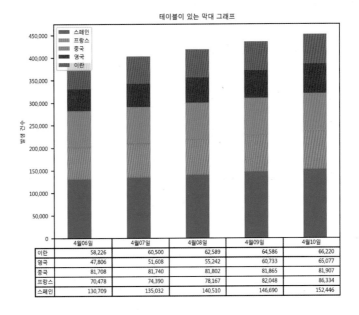

테이블이 있는 막대 그래프

	4월06일	4월07일	4월08일	4월09일	4월10일
이란	58,226	60,500	62,589	64,586	66,220
영국	47,806	51,608	55,242	60,733	65,077
중국	81,708	81,740	81,802	81,865	81,907
프랑스	70,478	74,390	78,167	82,048	86,334
스페인	130,709	135,032	140,510	146,690	152,446

3.6 파이 그래프

원(圓) 그래프(Pie chart)는 전체에 대한 각 부분의 비율을 부채꼴 모양으로 나타낸 그래프입니다.

비율 그래프의 일종으로 전체에 대한 부분의 비율을 한눈에 알 수 있기 때문에 비율을 나타낼 때 편리합니다.

전체를 100%로 놓고 그중에서 무엇이 얼마나 많은 비율을 차지하고 있는지 확인 할수 있는 도표입니다.

각 부채꼴의 중심각이 전체에서 차지하는 비율을 나타내며, 비율을 한눈에 볼 수 있다는 장점이 있습니다.

경우에 따라서는 원형이 아니라 도넛(donut) 형태로 표기되기도 하며, 일부는 잘라서 살짝 밖으로 빼내어 보여주기도 합니다.

각각의 항목들에 대한 세부 정보는 보통 원 내부에 표기하는데, 비율이 너무 낮을 경우에는 연결선을 따로 빼내어 표기합니다.

사용 예시	각 선거 후보에 대한 투표율
특징	전체적인 비율을 쉽게 파악할 수 있습니다.

(예제파일) pieChartExam.py, 주요발생국가주간동향(4월2째주).csv

3.6.1 사용자 정의 비율 지정

| STEP 01 | 관련 라이브러리들을 읽어 들이고, 관련 변수들을 설정합니다.

```
import matplotlib
import matplotlib.pyplot as plt

plt.rc('font', family='Malgun Gothic')
matplotlib.rcParams['axes.unicode_minus'] = False
cnt, PNG, UNDERBAR = 0, '.png', '_'
CHART_NAME = 'pieChartExam'
filename = './../data/주요발생국가주간동향(4월2째주).csv'
```

| STEP 02 | 엑셀 파일을 읽어 와서 변수 data 데이터 프레임에 데이터를 저장합니다. 이번 예시에서는 '4월06일' 일자에 대하여 4개국('독일', '프랑스', '중국', '영국')의 정보를 사용합니다.

변수 mylabel는 레이블로 사용할 국가의 이름을, 변수 mycolors에는 각국에 사용할 색상 정보를 저장하고 있는 변수입니다.

mycolors 변수는 '#RRGGBB' 형식으로 색상을 지정할 수 있습니다.

각각 RGB의 색을 16진수 형식으로 표현하면 됩니다.

예를 들어서, 완전 빨강색은 '#FF0000'으로 표현 가능합니다.

```
import pandas as pd

data = pd.read_csv(filename, index_col='국가')
print(data.columns)
Index(['4월06일', '4월07일', '4월08일', '4월09일', '4월10일', '4월11일', '4월12
일'], dtype='object')

my_concern = [item for item in data.index if item in ['독일', '프랑스', '중국', '영
국']]
print(my_concern)
['독일', '프랑스', '중국', '영국']
```

```
data = data.loc[my_concern]

chartdata = data['4월06일']

print(chartdata)
국가
독일      100024
프랑스      70478
중국       81708
영국       47806
Name: 4월06일, dtype: int64

mylabel = chartdata.index

print(mylabel)
Index(['독일', '프랑스', '중국', '영국'], dtype='object', name='국가')

mycolors = ['blue', '#6AFF00', 'yellow', '#FF003C']
```

| STEP 03 **|** 위에서 지정된 변수 정보들을 사용하여 다음과 같이 그래프를 그립니다.
autopct 매개 변수는 파이 조각의 전체 대비 백분율을 표시해줍니다.

'%1.2f%%'는 소수점 2째 자리까지 표현하고, 맨 뒤에 % 기호를 붙여 주는 옵션입니다.

startangle 매개 변수는 파이 조각이 그려지는 시작 위치를 의미합니다.

90이면 12시 방향이고, 매개 변수 counterclock=False이므로 반시계 방향으로 그려집니다.

```
plt.figure()

plt.pie(chartdata, labels=mylabel, shadow=False, explode=(0, 0.05, 0, 0),
        colors=mycolors, autopct='%1.2f%%', startangle=90, counterclock=False)

plt.grid(True)
plt.legend(loc=4)
plt.xlabel('국가명')
# plt.ylabel("발생 건수")
plt.title('주요 국가 발생 건수')

cnt += 1
savefile = CHART_NAME + UNDERBAR + str(cnt).zfill(2) + PNG
plt.savefig(savefile, dpi=400)
print(savefile + ' 파일이 저장되었습니다.')
```

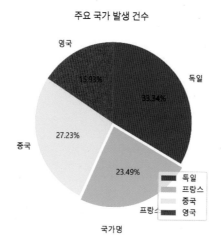

주요 국가 발생 건수

3.6.2 사용자 정의 포지셔닝

이번 예시에서는 사용자 정의 label을 지정하는 방법에 대하여 살펴봅니다.

getLabelFormat( ) 함수는 전체 비율을 소수점 둘째 자리수까지 표현함과 동시에 몇 명인지를 표현해주기 위한 함수입니다.

getLabelFormat( ) 함수와 관련된 매개 변수는 다음과 같습니다.

매개 변수	설명
pct	전체 데이터에 대한 해당 국가의 발생 건수 비율입니다.
allvals	국가별 발생 건수를 저장하고 있는 Series 객체입니다.

| STEP 01 **|** autopct 매개 변수는 getLabelFormat 함수를 사용하여 보여 주는 글자의 형식을 지정합니다.

전체에 대한 비율을 소수점 둘째 자리까지 표현한 다음, 소괄호 내에 전체 발생 건수를 출력합니다.

textprops 매개 변수에 글자에 대한 색상을 입력하면 됩니다.

예시에서는 'w' 즉, 흰색으로 지정하고 있습니다.

```
import numpy as np
fig, ax = plt.subplots(figsize=(6, 3), subplot_kw=dict(aspect="equal"))

def getLabelFormat(pct, allvals):
    absolute = int(pct/100.*np.sum(allvals))
    return "{:.2f}%\n({:d} 명)".format(pct, absolute)

wedges, texts, autotexts = ax.pie(chartdata, autopct=lambda pct: getLabelFormat(pct, chartdata),
textprops=dict(color="w"))

ax.legend(wedges, mylabel,
          title="국가명",
          loc="center left",
          bbox_to_anchor=(1, 0, 0.5, 1))

plt.setp(autotexts, size=8, weight="bold")

ax.set_title("주요 국가 발생 건수")

cnt += 1
savefile = CHART_NAME + UNDERBAR + str(cnt).zfill(2) + PNG
plt.savefig(savefile, dpi=400)
print(savefile + ' 파일이 저장되었습니다.')
```

주요 국가 발생 건수

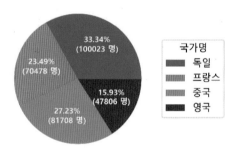

3.6.3 도우넛 파이 그래프

| STEP 01 **|** 이번에는 도우넛 형태의 파이 그래프를 그려 봅니다.

중간에 구멍이 있고, 각 항목에 대한 설명은 별도로 도우넛의 외곽에 작성해 봅니다.

내부의 도우넛 구멍 크기는 wedgeprops 매개 변수를 사용하면 됩니다.

사전 형식으로 채워 넣으면 됩니다.

예를 들어서 dict(width=0.8)라고 표현하면 중심에서 20%(1-0.8)만 구멍이 생깁니다.

```
print('도우넛 그래프를 그려 봅니다.')
data = pd.read_csv(filename, index_col='국가')

fig, ax = plt.subplots(figsize=(6, 3), subplot_kw=dict(aspect="equal"))

COUNTRY = ['독일', '프랑스', '중국', '영국', '이탈리아']

data = data.loc[COUNTRY, ['4월06일']]

print(data.values.flatten())
[100024  70478  81708  47806 128948]

wedges, texts = ax.pie(data.values.flatten(), wedgeprops=dict(width=0.5), startangle=-40)
```

| STEP 02 **|** 파이 그래프 외부로 펼쳐지는 연결 선과 직사각형을 그립니다.
직사각형 내부에는 국가의 이름을 그려집니다.

```
bbox_props = dict(boxstyle="square,pad=0.3", fc="w", ec="k", lw=0.72)
kw = dict(arrowprops=dict(arrowstyle="-"),
          bbox=bbox_props, zorder=0, va="center")

for i, p in enumerate(wedges):
    ang = (p.theta2 - p.theta1)/2. + p.theta1
    print('ang : ', ang)
    y = np.sin(np.deg2rad(ang))
    x = np.cos(np.deg2rad(ang))
    horizontalalignment = {-1: "right", 1: "left"}[int(np.sign(x))]
    connectionstyle = "angle,angleA=0,angleB={}".format(ang)
    kw["arrowprops"].update({"connectionstyle": connectionstyle})

    # ax.annotate(label, xy, xytext, arrowprops, horizontalalignment='left',
    verticalalignment='top')
    ax.annotate(COUNTRY[i], xy=(x, y), xytext=(1.3*np.sign(x), 1.4*y),
                horizontalalignment=horizontalalignment, **kw)

ax.set_title("도우넛 그래프")

cnt += 1
savefile = CHART_NAME + UNDERBAR + str(cnt).zfill(2) + PNG
# plt.legend(loc='best')
plt.savefig(savefile, dpi=400)
print(savefile + ' 파일이 저장되었습니다.')
```

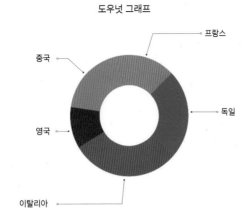

도우넛 그래프

3.6.4 국가별 중첩 파이 그래프

| STEP 01 **|** 5개국('독일', '프랑스', '중국', '영국', '이탈리아')의 이틀간('4월06일', '4월07일')의 데이터를 사용하여 중첩된 파이 그래프를 그려 봅니다.

```
print('주요 국가별 중첩 파이 그래프를 그려 봅니다.')
fig, ax = plt.subplots( )

data = pd.read_csv(filename, index_col='국가')

print(data)
주요 국가별 중첩 파이 그래프를 그려 봅니다.
```

국가	4월06일	4월07일	4월08일	4월09일	4월10일	4월11일	4월12일
미국	335524	364723	387547	424945	461437	495535	524903
스페인	130709	135032	140510	146690	152446	157022	161852
이탈리아	128948	132547	135586	139422	143626	147577	152271
독일	100024	102453	107591	112113	118181	122171	124908
프랑스	70478	74390	78167	82048	86334	90276	93790
중국	81708	81740	81802	81865	81907	81953	82052
영국	47806	51608	55242	60733	65077	73758	78991
이란	58226	60500	62589	64586	66220	68192	70029
스위스	21104	21652	22241	22789	23574	24308	24900
한국	10284	10331	10384	10423	10450	10480	10512

| STEP 02 **|** 변수 my_concern에는 COUNTRY 변수로 추출한 5개 국가의 이름이 list 형식으로 지정되어 있습니다.

판다스의 loc 속성을 사용하여 데이터를 필터링합니다.

변수 filtered_data에는 이틀간의 데이터 프레임 정보가 들어가 있습니다.

최종적으로 totallist 변수에는 그리고자 하는 차트에 대한 중첩 list 데이터를 저장합니다.

```
COUNTRY = ['독일', '프랑스', '중국', '영국', '이탈리아']
my_concern = [item for item in data.index if item in COUNTRY]
print(my_concern)
['이탈리아', '독일', '프랑스', '중국', '영국']

data = data.loc[my_concern]

filtered_data = data[['4월06일', '4월07일']]

print(filtered_data)

           4월06일    4월07일
국가
이탈리아    128948    132547
독일      100024    102453
프랑스      70478     74390
중국       81708     81740
영국       47806     51608

print(filtered_data.index.values)
['이탈리아' '독일' '프랑스' '중국' '영국']

totallist = [] # 차트를 그릴 중첩 데이터
for key in filtered_data.index.values :
        imsi = filtered_data.loc[key].values
        totallist.append([item for item in imsi])

chartdata = np.array(totallist)

print('chartdata : \n', chartdata)
[[128948 132547]
 [100024 102453]
 [ 70478  74390]
 [ 81708  81740]
 [ 47806  51608]]
```

| STEP 03 **|** 변수 outer_colors에는 외부 Circle을 위한 색상을 inner_colors에는 내부 Circle을 위한 색상 정보가 들어 있습니다.

그리고, 외부 Circle에는 국가별 소계 데이터가 변수 cum_sum에 저장되어 있습니다.

```
color_su = len(COUNTRY) # 색상의 개수
cmap = plt.get_cmap("tab20c")
outer_colors = cmap(np.arange(color_su)*4)

inner_colors = cmap(np.arange(2*color_su))

print('inner_colors :', inner_colors)
print('outer_colors :', outer_colors)

cum_sum = chartdata.sum(axis=1) # 누계
print('cum_sum : ', cum_sum)
cum_sum :  [261495 202477 144868 163448  99414]
```

| STEP 04 **|** 변수 INNER_VACANT_CIRCLE_SIZE는 내부 원의 크기를 지정해주는 변수입니다.

숫자 값이 적을수록 가운데 비어 있는 원이 커집니다.

OUTER_PCTDISTANCE와 INNER_PCTDISTANCE는 외부 원과 내부 원의 원점에서의 거리를 의미합니다.

값을 적절히 조정하면서 테스트를 해보시길 바랍니다.

```
INNER_VACANT_CIRCLE_SIZE = 0.3

# OUTER_PCTDISTANCE : 비율을 보여주는 위치를 지정하는 데, 원점에서의 거리를 지정하면 됩니다.
OUTER_PCTDISTANCE = 0.85
# edgecolor='w', 'None'
ax.pie(cum_sum, radius=1, colors=outer_colors,
        wedgeprops=dict(width=INNER_VACANT_CIRCLE_SIZE, edgecolor='w'),
        labels=COUNTRY, autopct='%.2f%%', pctdistance=OUTER_PCTDISTANCE)

INNER_PCTDISTANCE = 0.75

ax.pie(chartdata.flatten( ), radius=1-INNER_VACANT_CIRCLE_SIZE, colors=inner_colors,
        wedgeprops=dict(width=INNER_VACANT_CIRCLE_SIZE, edgecolor='w'),
        autopct='%.2f%%', pctdistance=INNER_PCTDISTANCE)

ax.set(aspect="equal", title='주요 국가별 중첩 파이 그래프')

cnt += 1
savefile = CHART_NAME + UNDERBAR + str(cnt).zfill(2) + PNG
# plt.legend(loc='best')
plt.savefig(savefile, dpi=400)
print(savefile + ' 파일이 저장되었습니다.')
```

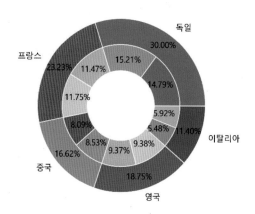

주요 국가별 중첩 파이 그래프

3.6.5 특정 파이 영역의 세부 내역 보이기

| STEP 01 **|** 이번 예시에서는 관심 국가 ['독일', '프랑스', '중국']의 관심 일자 ['4월06일', '4월07일', '4월08일']에 대한 Pie 그래프를 그려 봅니다.

그리고, Pie의 한 부분인 특정 국가, 예를 들어서 '독일'에 대한 Pie 정보를 좀 더 세분화시켜 관심 일자에 대한 비율 정보를 별도로 그려 보도록 하겠습니다.

엑셀 파일을 읽어 와서, 필요한 데이터만 filtered_data 변수에 저장하도록 합니다.

```
# figure와 축(axis) 객체
fig = plt.figure(figsize=(9, 5))
ax1 = fig.add_subplot(121)
ax2 = fig.add_subplot(122)
fig.subplots_adjust(wspace=0)

data = pd.read_csv(filename, index_col='국가')

print(data)
          4월06일    4월07일    4월08일    4월09일    4월10일    4월11일    4월12일
국가
미국       335524   364723   387547   424945   461437   495535   524903
스페인      130709   135032   140510   146690   152446   157022   161852
이탈리아    128948   132547   135586   139422   143626   147577   152271
독일       100024   102453   107591   112113   118181   122171   124908
프랑스      70478    74390    78167    82048    86334    90276    93790
중국       81708    81740    81802    81865    81907    81953    82052
영국       47806    51608    55242    60733    65077    73758    78991
이란       58226    60500    62589    64586    66220    68192    70029
스위스      21104    21652    22241    22789    23574    24308    24900
한국       10284    10331    10384    10423    10450    10480    10512
```

```
COUNTRY = ['독일', '프랑스', '중국'] # 관심 국가 목록
my_concern = [item for item in data.index if item in COUNTRY]
print('my_concern : ', my_concern)

my_concern :  ['독일', '프랑스', '중국']
data = data.loc[my_concern]

when = ['4월06일', '4월07일', '4월08일'] # 관심 일자 목록
filtered_data = data[when] # 파이 차트에 그려질 데이터

print('filtered_data : \n', filtered_data)

filtered_data :

          4월06일      4월07일      4월08일
국가
독일        100024     102453     107591
프랑스       70478      74390      78167
중국        81708      81740      81802
```

| STEP 02 **|** 파이 그래프와 관련된 변수들을 다음과 같이 정의하고 파이 그래프를 그립니다.

```
pieData = filtered_data.sum(axis=1).values # 국가별 총합

barData = filtered_data.loc['독일'].values
barData = barData/sum(barData)

print('pieData : ', pieData)
pieData :  [310068 223035 245250]

print('barData : ', barData)
barData :  [0.3225873  0.33042107 0.34699163]

# pie chart 관련 변수 리스트
explode = [0 for idx in range(len(pieData))]
explode[0] = 0.05
print('explode : ', explode)
explode :  [0.05, 0, 0]

# rotate so that first wedge is split by the x-axis
# 막대 그래프를 우측에 그릴 것이므로, 시작 각도는 90도로 지정하고 counterclock=False의 값으로
지정하면 좋습니다.
STARTANGLE = 90
print('STARTANGLE : ', STARTANGLE)
STARTANGLE :  90

ax1.pie(pieData, autopct='%1.1f%%', startangle=STARTANGLE,
        labels=COUNTRY, explode=explode, counterclock=False)
```

| STEP 03 **|** 독일의 관심 일자에 대한 막대 그래프를 그립니다.

변수 barData에는 3일 데이터('4월06일', '4월07일', '4월08일')에 대한 비율 값이 들어 있습니다.

각각의 비율을 높이로 하는 막대 그래프를 쌓아서 그립니다.

```
# bar chart 관련 변수
xpos = 0
bottom = 0
width = .2
colors = [[.1, .3, .5], [.1, .3, .3], [.1, .3, .7]]
colors = ['r', 'g', 'b']

for j in range(len(barData)):
    height = barData[j]
    ax2.bar(xpos, height, width, bottom=bottom, color=colors[j])
    ypos = bottom + ax2.patches[j].get_height( ) / 2
    bottom += height
    ax2.text(xpos, ypos, "%.2f%%" % (ax2.patches[j].get_height( ) * 100),
             ha='center', fontsize=8, color='w')
ax2.set_title(" '" + COUNTRY[0] + "'의 일자별 비율")
ax2.legend((when))
ax2.axis('off')
ax2.set_xlim(- 2.5 * width, 2.5 * width)
```

| STEP 04 **|** ConnectionPatch 클래스는 두 지점 사이의 연결선을 그려 주는 함수입니다.

연결선의 두께는 LINE_WIDTH 변수에 값을 저장합니다.

상단의 연결선을 그립니다.

```
# use ConnectionPatch to draw lines between the two plots
# get the wedge data
theta1, theta2 = ax1.patches[0].theta1, ax1.patches[0].theta2
center, r = ax1.patches[0].center, ax1.patches[0].r
bar_height = sum([item.get_height( ) for item in ax2.patches])

LINE_WIDTH = 2 # 연결선의 두께

from matplotlib.patches import ConnectionPatch

# 상단의 연결선
x = r * np.cos(np.pi / 180 * theta2) + center[0]
y = r * np.sin(np.pi / 180 * theta2) + center[1]
con = ConnectionPatch(xyA=(-width / 2, bar_height), coordsA=ax2.transData,
                      xyB=(x, y), coordsB=ax1.transData)
con.set_color([0, 0, 0])
con.set_linewidth(LINE_WIDTH)
ax2.add_artist(con)
```

| STEP 05 **|** 하단의 연결선을 그립니다.

```
# 하단의 연결선
x = r * np.cos(np.pi / 180 * theta1) + center[0]
y = r * np.sin(np.pi / 180 * theta1) + center[1]
con = ConnectionPatch(xyA=(-width / 2, 0), coordsA=ax2.transData,
                      xyB=(x, y), coordsB=ax1.transData)
con.set_color([0, 0, 0])
ax2.add_artist(con)
con.set_linewidth(LINE_WIDTH)
```

| STEP 06 **|** 이미지를 파일 형식으로 저장합니다.

```
cnt += 1
savefile = CHART_NAME + UNDERBAR + str(cnt).zfill(2) + PNG
# plt.legend(loc='best')
plt.savefig(savefile, dpi=400)
print(savefile + ' 파일이 저장되었습니다.')
print('finished')
```

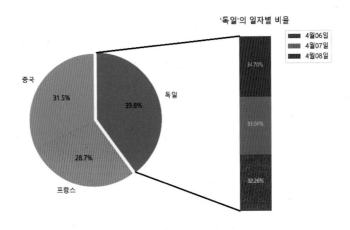

3.7 상자 수염 그래프

상자 수염 그림(box-and-whisker plot, box-and-whisker diagram) 또는 상자 그림(box plot, boxplot) 또는 상자-수염 그림, 상자 도표는 다섯 숫자 요약으로 그린, 자료의 특성을 요약하는 그래프입니다.

상자 수염을 설명하기 전에 이상치(outlier)/극단치에 대하여 우선 살펴보도록 합니다.
예를 들어서, 사람의 나이가 300살 또는 키가 3미터 등 표현은 가능하지만, 현실적으로 불가능한 값들을 이상치/극단치라고 합니다.

이상치를 없애는 기준은 정상적인 값의 범위를 정하는 방법이 있습니다.
나이를 예로 들면 0살에서 120살까지를 정상적인 범위로 가정했을 때, 121세 이상을 이상치로 보는 것입니다.
다른 방법은 통계적인 기법을 사용하는 것입니다.
이를 테면, 정규 분포에서 상하위 0.2% 밖의 데이터를 극단적으로 값으로 가정하고 제거하는 방법입니다.

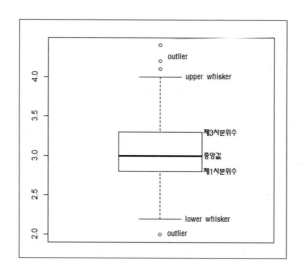

상자 그림의 각 요소에 대하여 살펴 보도록 합니다.
Q1에서 Q3 사이인 사분위간 범위(IQR)로 몸통을 구성하고 근접 값들로 꼬리를 구성합니다.

상자 그림	값	설명
outlier	극단치	upper, lower whisker 바깥 영역을 의미합니다.
upper whisker	극단치와의 경계	상자 외부 가로선으로 3사분위수 외부에 있는 1.5*IQR 내부의 최대값
상단 세로 점선	상단 수염	Q3 위의 값들을 의미합니다. 제3사분위수(75%)~100% 내에 존재하는 데이터를 의미합니다.
Q3	제3사분위수	제3사분위수(75%)에 해당 하는 값을 의미합니다.
Q2	중앙 값	상자 내에 있는 제2사분위수(50%)로 중앙 값을 의미합니다.
Q1	제1사분위수	제1사분위수(25%)에 해당 하는 값을 의미합니다.
하단 세로 점선	하단 수염	Q1 아래의 값들을 의미합니다. 0 ~ 제1사분위수(25%) 내에 존재하는 데이터를 의미합니다.
lower whisker	극단치와의 경계	상자 외부 가로선으로 1사분위수 외부에 있는 1.5*IQR 내부의 최소값

3.7.1 상자 수염(사용자 정의 색상)

사용자 정의 색상을 사용한 상자 수염 그래프를 그려 봅니다.

> 예제파일 boxPlotExam.py, tips.csv

구현 내용

엑셀 파일을 이용하여 상자 수염 그래프를 그려 봅니다.
두 가지 유형(rectangular and notched)의 상자 수염 그래프를 그려 봅니다.
부가적으로 `labels` 매개 변수를 이용하여 x-tick labels을 지정해 봅니다.
참조 파일) http://vita.had.co.nz/papers/boxplots.pdf

| **STEP** 01 | 실습에 사용될 관련 라이브러리를 임포트하고, 관련 변수들을 정의합니다.

```python
import numpy as np
import pandas as pd
import matplotlib
import matplotlib.pyplot as plt

plt.rc('font', family='Malgun Gothic')
matplotlib.rcParams['axes.unicode_minus'] = False

cnt, PNG, UNDERBAR = 0, '.png', '_'
CHART_NAME = 'boxPlotExam'
filename = './../data/tips.csv'
```

| STEP 02 **|** frame01 변수는 저녁 시간대('Dinner')의 총 지불 금액('total_bill')을 의미합니다.

반면 frame02 변수는 점심 시간대('Lunch')의 총 지불 금액('total_bill')을 의미합니다. 이 두개의 변수를 numpy 형식의 데이터로 변환 후 chartdata라는 list 형식으로 저장해 둡니다.

```python
myframe = pd.read_csv(filename, encoding='utf-8', index_col=0)

DINNER, LUNCH = 'Dinner', 'Lunch'

frame01 = myframe.loc[myframe['time'] == DINNER, 'total_bill']
frame01.index.name = DINNER

frame02 = myframe.loc[myframe['time'] == LUNCH, 'total_bill']
frame02.index.name = LUNCH

chartdata = [np.array(frame01), np.array(frame02)]
print('chartdata')
print(chartdata)
```

| STEP 03 **|** 1행 2열의 도화지를 준비합니다.

```python
xtick_label = [DINNER, LUNCH] # x 축을 위한 레이블
fig, (ax1, ax2) = plt.subplots(nrows=1, ncols=2, figsize=(9, 4))
```

| STEP 04 **|** 사각형 형태의 상자 수염 그래프를 그립니다.

```python
# rectangular box plot
bplot1 = ax1.boxplot(chartdata,
                    vert=True,  # vertical box alignment
                    patch_artist=True,  # fill with color
                    labels=xtick_label) # will be used to label x-ticks
ax1.set_title('Rectangular box plot')
```

| STEP 05 **|** 이번에는 notch 형태의 상자 수염 그래프를 그립니다.

```python
# notch shape box plot
bplot2 = ax2.boxplot(chartdata,
                    notch=True,  # notch shape
                    vert=True,  # vertical box alignment
                    patch_artist=True,  # fill with color
                    labels=xtick_label) # will be used to label x-ticks
ax2.set_title('Notched box plot')
```

| STEP 06 | 분홍색과 푸른 하늘 색상을 이용하여 상자 수염 박스 내부의 색상을 채워
줍니다.

```
colors = ['pink', 'lightblue'] # fill with colors
for bplot in (bplot1, bplot2):
    for patch, color in zip(bplot['boxes'], colors):
        patch.set_facecolor(color)
```

| STEP 07 | 수평 그리드 라인을 그려 주는 부분입니다.

```
# adding horizontal grid lines
for ax in [ax1, ax2]:
    ax.yaxis.grid(True)
    ax.set_xlabel('점심과 저녁 팁')
    ax.set_ylabel('observed data')

cnt += 1
savefile = CHART_NAME + UNDERBAR + str(cnt).zfill(2) + PNG
plt.savefig(savefile, dpi=400)
print(savefile + ' 파일이 저장되었습니다.')

print('finished')
```

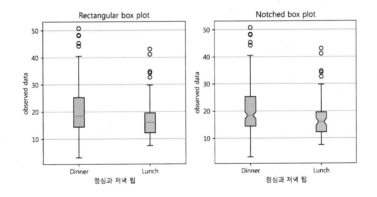

3.7.2 상자 수염과 바이올린 그래프

동일한 데이터 셋에 대하여 상자 수염과 바이올린 그래프를 그려 봅니다.

(예제파일) boxPlotVsViolon.py, tips.csv

▐ STEP 01 **▐** 관련 라이브러리를 임포트하고, 실습용 파일과 관련된 변수들을 정의합니다.

```python
import numpy as np
import pandas as pd
import matplotlib.pyplot as plt

plt.rc('font', family='Malgun Gothic')

fig, axs = plt.subplots(nrows=1, ncols=2, figsize=(9, 4))

filename = './../data/tips.csv'
myframe = pd.read_csv(filename, encoding='utf-8', index_col=0)
```

▐ STEP 02 **▐** 점심과 저녁 관련하여 총 지불 금액을 데이터를 각각 frame01과 frame02 변수에 저장합니다.

```python
DINNER, LUNCH = 'Dinner', 'Lunch'

frame01 = myframe.loc[myframe['time'] == DINNER, 'total_bill']
frame01.index.name = DINNER

frame02 = myframe.loc[myframe['time'] == LUNCH, 'total_bill']
frame02.index.name = LUNCH

chartdata = [np.array(frame01), np.array(frame02)]
print('chartdata')
print(chartdata)
```

▐ STEP 03 **▐** 바이올린 그래프와 상자 수염 그래프를 각각 그립니다.

```python
# plot violin plot
axs[0].violinplot(chartdata,
                  showmeans=False,
                  showmedians=True)
axs[0].set_title('Violin plot')

axs[1].boxplot(chartdata) # plot box plot
axs[1].set_title('Box plot')
```

▐ STEP 04 **▐** 수평 Grid 라인을 그려 줍니다.

```python
# adding horizontal grid lines
for ax in axs:
    ax.yaxis.grid(True)
    ax.set_xticks([y + 1 for y in range(len(chartdata))])
    ax.set_xlabel('점심과 저녁 팁')
    ax.set_ylabel('observed data')
```

| STEP 05 **|** x 축에 놓이는 tick를 지정합니다.

지정되는 값은 'Dinner', 'Lunch'입니다.

```
# add x-tick labels
plt.setp(axs, xticks=[y + 1 for y in range(len(chartdata))],
        xticklabels=[DINNER, LUNCH])
```

| STEP 06 **|** 해당 그래프를 png 이미지로 저장합니다.

```
PNG, UNDERBAR = '.png', '_'
cnt = 0

cnt += 1
savefile = 'boxPlotVsViolon' + UNDERBAR + str(cnt).zfill(2) + PNG
plt.savefig(savefile, dpi=400)
print(savefile + ' 파일이 저장되었습니다.')

print('finished')
```

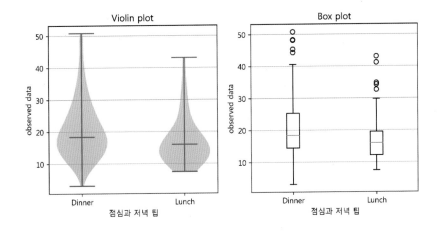

3.8 히스토그램

히스토그램은 특정 데이터의 빈도 수를 막대 모양으로 표시한 그래프입니다.
도수 분포표와 히스토그램은 가장 많이 사용되는 통계 분석 도구로써, 데이터의 특성/분포를 파악하는 역할을 합니다.

가로 축에는 계급이, 세로 축에는 해당 도수 또는 비율을 지정합니다.
계급은 보통 변수의 구간을 말하고, 서로 겹치지 않습니다.
그림에서 계급(막대)끼리는 서로 붙어 있어야 합니다.
pyplot 라이브러리에서 사용되는 함수의 매개 변수는 다음과 같습니다.

항목	설명
사용 형식	matplotlib.pyplot.hist(x, bins=None, range=None, density=False, weights=None, cumulative=False, bottom=None, histtype='bar', align='mid', orientation='vertical', rwidth=None, log=False, color=None, label=None, stacked=False, *, data=None, **kwargs)[source]
x	배열
bins	계급의 개수를 지정합니다.
alpha	막대 색상의 불투명도를 지정합니다.
facecolor	막대에 채워질 색상을 지정합니다.
label	범례에 보여질 문자열을 지정합니다.
rwidth	계급 너비의 부분 값으로, 0부터 1.0 사이의 값입니다. 예를 들어 0.85이면 계급 너비의 85%의 너비로 막대를 그려줍니다.

3.8.1 남자들의 신장

| STEP 01 | 키(height)에 대한 정보를 저장하고 있는 파일을 이용하여 히스토그램을 그려 봅니다.
그래프 관련된 변수들을 정의합니다.
변수 num_bins는 히스토그램을 위한 계급의 개수를 의미하는 데 50개로 지정합니다.

(예제파일) histogramTest.py, human_height.csv

```
import pandas as pd
import matplotlib.pyplot as plt

plt.rc('font', family='Malgun Gothic')
cnt, PNG, UNDERBAR = 0, '.png', '_'
CHART_NAME = 'histogramTest'
humanfile = './../data/human_height.csv'
plt.rcParams['axes.unicode_minus'] = False
num_bins = 50
```

| STEP 02 **|** 엑셀 파일을 읽고, 남자와 여자 컬럼에 대한 정보를 변수에 값을 저장하도록 합니다.

남자 변수에 대한 기초 통계 정보를 확인해 보면, 평균은 대략 180, 표준 편차는 10정도의 값을 보유하고 있습니다.

```
human = pd.read_csv(humanfile, encoding='utf-8')

man = human['man']
woman = human['woman']

print(man.describe( ))
count    1000.000000
mean      180.016269
std        10.048471
min       140.185975
25%       173.108048
50%       180.149555
75%       186.748961
max       210.344273
Name: man, dtype: float64
```

| STEP 03 **|** 남자들의 신장(키)에 대한 정보를 이용하여 히스토그램을 그려 봅니다.

```
plt.figure(figsize=(8, 6))
plt.hist(man, bins=num_bins, alpha=0.7, facecolor='blue', label="남자", rwidth=0.9)

plt.xlabel("키", size=14)
plt.ylabel("빈도 수", size=14)
plt.title("단일 histogram")
plt.legend(loc='upper right')
plt.grid(axis='y', alpha=0.75)

cnt = cnt + 1
savefile = CHART_NAME + UNDERBAR + str(cnt).zfill(2) + PNG
plt.savefig(savefile, dpi=400)
print(savefile + ' 파일이 저장되었습니다.')
```

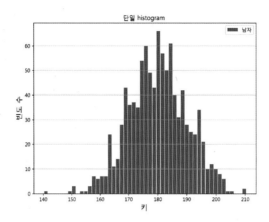

3.8.2 남자와 여자의 다중 히스토그램 그리기

| **STEP** 01 | 남자와 여자에 대한 히스토그램을 같은 화면에 그려 봅니다.

```
plt.figure(figsize=(8, 6))
plt.hist(man, bins=num_bins, alpha=0.5, label="남자")
plt.hist(woman, bins=num_bins, alpha=0.5, label="여자")

plt.xlabel("키", size=14)
plt.ylabel("빈도 수", size=14)
plt.title("다중 histogram 그래프")
plt.legend(loc='upper right')
cnt = cnt + 1
savefile = CHART_NAME + UNDERBAR + str(cnt).zfill(2) + PNG
plt.savefig(savefile, dpi=400)
print(savefile + ' 파일이 저장되었습니다.')

print('finished')
```

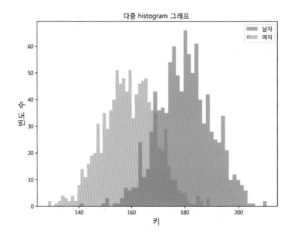

매개 변수

항목	설명
x	Series, numpy 배열 등 히스토그램을 그리기 위한 데이터입니다.
bins	계급의 개수를 지정합니다.
range	계급에 보여지는 최소 값, 최대 값의 범위를 지정합니다.
alpha	이미지의 불투명도를 지정합니다. 값은 0부터 1사이의 실수 값입니다.
histtype	히스토그램의 타입을 지정합니다.
density	True이면 확률 밀도 곡선도 동시에 보여 줍니다.
stacked	True이면 누적된 히스토그램을 그려 줍니다.

3.8.3 총 결재 금액

(예제파일) histogramExam.py

| STEP 01 | 관련 라이브러리 및 변수들을 정의합니다.
num_bins 변수는 계급(막대기)의 개수를 의미합니다.

```python
import pandas as pd
import matplotlib.pyplot as plt

plt.rc('font', family='Malgun Gothic')
cnt, PNG, UNDERBAR = 0, '.png', '_'
CHART_NAME = 'histogramExam'
filename = './../data/tips.csv'
plt.rcParams['axes.unicode_minus'] = False
num_bins = 30
```

| STEP 02 | 첨부 파일을 읽습니다.
'total_bill' 컬럼의 정보를 변수 x에 대입합니다.
변수 x의 자료 구조는 Series입니다.

```python
tips = pd.read_csv(filename, encoding='utf-8')

fig, ax = plt.subplots( )
```

```
x = tips['total_bill'] # Series
print(type(x))
# print('x')
# print(x)
<class 'pandas.core.series.Series'>
```

| STEP 03 | 데이터를 이용하여 히스토그램을 그립니다.

그래프의 창 제목과, x 축과 y축에 각각 놓일 label을 지정합니다.

```
# the histogram of the data
n, bins, patches = ax.hist(x, num_bins, density=True)

ax.set_title('Histogram of Total Bill')
ax.set_xlabel('Frequency')
ax.set_ylabel('Total Bill')
```

| STEP 04 | 데이터들에 대한 평균 값과 표준 편차를 구합니다.

이 값들을 이용하여 확률 분포 곡선을 그립니다.

```
import numpy as np

mu = x.mean( )  # 평균
print('mu :', mu)

sigma = x.std( ) # 표준 편차
print('sigma :', sigma)

y = ((1 / (np.sqrt(2 * np.pi) * sigma)) *
     np.exp(-0.5 * (1 / sigma * (binStep mu))**2))
ax.plot(bins, y, '--')
```

| STEP 05 | 해당 그래프를 이미지로 저장합니다.

```
# Tweak spacing to prevent clipping of ylabel
fig.tight_layout( )

cnt += 1
savefile = CHART_NAME + UNDERBAR + str(cnt).zfill(2) + PNG
plt.savefig(savefile, dpi=400)
print(savefile + ' 파일이 저장되었습니다.')
```

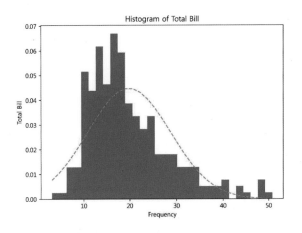

3.8.4 총 결재 금액(계급 구간 조정)

| **STEP** 01 | 만약 최소값/최대값을 바꾸거나 계급 구간의 개수를 늘리고 싶다면 range
와 bins를 통해 직접 설정할 수 있습니다.

```
fig, ax = plt.subplots( )
plt.hist(x, range=(5, 40), bins=num_bins)

cnt += 1
savefile = CHART_NAME + UNDERBAR + str(cnt).zfill(2) + PNG
plt.savefig(savefile, dpi=400)
print(savefile + ' 파일이 저장되었습니다.')
```

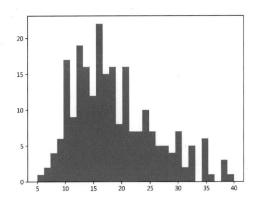

3.8.5 거인국과 소인국의 신장 히스토그램

| STEP 01 **|** 거인국과 소인국의 사람들 정보를 담고 있는 파일이 있습니다.

'giant' 컬럼은 거인국을, 'dwarf' 컬럼은 소인국의 사람들 정보입니다.

거인국의 사람들 1,000명의 키는 평균 250cm, 표준 편차 10cm의 정규 분포를 따르고 있습니다.

반면, 소인국의 사람들 1,000명의 키는 평균 130cm, 표준 편차 10cm의 정규 분포를 따르고 있습니다.

이 데이터를 이용하여 히스토그램을 그려 봅니다.

```
humanfile = './../data/human_height.csv'

human = pd.read_csv(humanfile, encoding='utf-8')

print('\n#별개의 데이터에 대한 histogram 서브 플로팅')
fig, axes = plt.subplots(nrows=1, ncols=2)
giant = human['giant']
dwarf = human['dwarf']
```

| STEP 02 **|** 거인국과 소인국에 대한 히스토그램을 다음과 같이 그려 봅니다.

```
axes[0].hist(giant, range=(210, 290), bins=20, alpha=0.6)
axes[1].hist(dwarf, range=(100, 180), bins=20, alpha=0.6)

axes[0].set_title('거인국의 키(height)')
axes[1].set_title('소인국의 키(height)')

cnt = cnt + 1
savefile = CHART_NAME + UNDERBAR + str(cnt).zfill(2) + PNG
plt.savefig(savefile, dpi=400)
print(savefile + ' 파일이 저장되었습니다.')
```

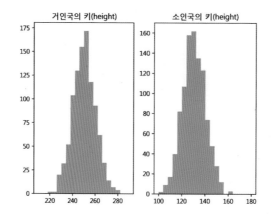

3.8.6 거인국과 소인국의 히스토그램을 동일 화면에 그리기

| STEP 01 **|** 2개의 histogram을 하나의 figure 객체에 같이 그려 보도록 합니다.

```
print('\n#2개의 histogram 같이 그리기')
fig, axes = plt.subplots( )

axes.hist(giant, bins=20, alpha=0.6)
axes.hist(dwarf, bins=20, alpha=0.6)

cnt = cnt + 1
savefile = CHART_NAME + UNDERBAR + str(cnt).zfill(2) + PNG
plt.savefig(savefile, dpi=400)
print(savefile + ' 파일이 저장되었습니다.')
```

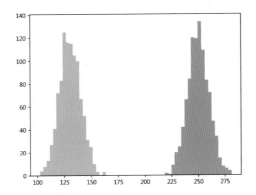

3.8.7 히스토그램의 누적

| STEP 01 **|** 이번에는 누적 히스토그램을 그려 봅니다.

남자와 여자에 대한 키 정보를 읽어서, numpy 형태의 배열로 만듭니다.

각각 100개의 데이터를 가지고 있으므로 형상은 1000행 2열의 데이터가 됩니다.

```
print('\n#stack histogram 그리기')
fig, axes = plt.subplots( )
man = human['man']
woman = human['woman']

x = np.array([man, woman]).T
print(x)
print(x.shape) # (1000, 2)
```

| STEP 02 **|** 매개 변수 stacked=True 옵션을 사용하면 누적된 histogram을 그릴 수 있습니다.

```
axes.hist(x, bins=num_bins, density=False, histtype='bar', stacked=True)
axes.set_title('누적 히스토그램')

cnt = cnt + 1
savefile = CHART_NAME + UNDERBAR + str(cnt).zfill(2) + PNG
plt.savefig(savefile, dpi=400)
print(savefile + ' 파일이 저장되었습니다.')

print('finished')
```

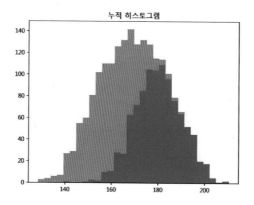

연습 문제 ① **다음과 같이 '꺾은 선 그래프'를 그려 보세요.**

예제 파일 brokenLineExam_exam.py

	연도	20대	30대	40대	50대	60세이상
0	2001년	7.4	3.2	3.0	2.8	1.2
1	2002년	6.6	2.9	2.0	2.0	1.1
2	2003년	7.7	2.8	2.2	2.2	1.0
3	2004년	7.9	3.2	2.3	2.8	1.2
4	2005년	7.7	3.4	2.4	2.4	1.3
5	2006년	7.7	3.0	2.8	2.4	1.6
6	2007년	7.1	3.2	2.1	2.2	1.3
7	2008년	7.0	3.1	2.2	2.1	1.2
8	2009년	7.9	3.6	2.5	2.5	1.6
9	2010년	7.8	3.5	2.5	2.4	3.0

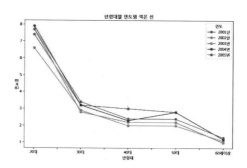

연습 문제 ② 다음과 같이 '산점도 그래프'를 그려 보세요.

예제 파일 scatterPlotExam_exam.py, kbo.csv

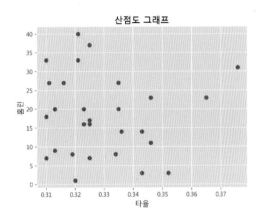

연습 문제 ③ 다음과 같이 학생들의 국어 점수를 이용하여 '막대 그래프'를 그려 보세요.

예제 파일 barChartExam_exam.py, final_exam.csv

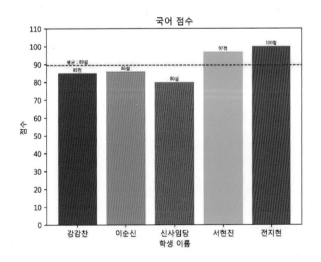

요 약

파이썬에서 시각화는 matplotlib 라이브러리를 많이 사용합니다.
표준이 잘 확립되어 있고 비교적 다양한 경우에도 잘 동작하는 라이브러리로 알려져 있습니다.

꺾은 선 그래프는 연속적으로 변화하는 데이터를 살펴보고자 할 때 유용합니다.
산점도는 2개의 연속형 변수 간의 관계(영향력)를 보기 위하여 직교 좌표의 x축과 y축에 관측점을 찍어서 만든 그래프입니다.

여러 가지 통계 데이터나 양(量)을 막대 모양의 길이로 나타낸 그래프를 말합니다.
막대 그래프는 데이터의 크고 작음을 한눈에 이해할 수 있기 때문에 일반적으로 가장 많이 사용되는 그래프입니다.

원(圓) 그래프(Pie chart)는 전체에 대한 각 부분의 비율을 부채꼴 모양으로 나타낸 그래프입니다.

상자 수염 그림은 다섯 숫자 요약으로 그린, 자료의 특성을 요약하는 그래프입니다.
히스토그램은 특정 데이터의 빈도 수를 막대 모양으로 표시한 그래프입니다.
도수 분포표와 히스토그램은 가장 많이 사용되는 통계 분석 도구로써, 데이터의 특성/분포를 파악하는 역할을 합니다.

한국 복지
패널 데이터

SUMMARY

한국 복지 패널 데이터는 한국 보건 사회 연구원에서 가구의 경제 활동을 연구해 정책 지원에 반영할 목적으로 발간하는 조사 자료입니다.
이 자료는 전처리가 되어 있지 않은 관계로 우선 데이터 전처리에 대한 작업부터 우선 진행하도록 합니다.
이 전처리된 데이터들과 seaborn 라이브러리를 사용하여 여러 가지 유형의 데이터를 시각화 해보기로 합니다.

4.1 seaborn 라이브러리

seaborn은 matplotlib의 상위 호환 데이터 시각화를 위한 라이브러리로써, matplotlib을 기반으로 하는 다양한 색상 테마와 통계용 차트 등의 기능을 추가한 시각화 패키지입니다.

matplotlib와는 다르게 seaborn 라이브러리가 매력적인 이유는 바로 통계와 관련된 차트 입니다.
데이터프레임으로 다양한 통계 지표를 낼 수 있는 시각화 차트를 제공하기 때문에 데이터 분석에 활발히 사용되고 있는 라이브러리입니다.

기본적인 시각화 기능은 matplotlib 패키지에 의존하며 통계 기능은 Statsmodels 패키지에 의존합니다.

4.2 한국 복지 패널 데이터 개요

한국 복지 패널 데이터는 한국 보건 사회 연구원에서 가구의 경제 활동을 연구해 정책 지원에 반영할 목적으로 발간하는 조사 자료입니다.
이 데이터들과 seaborn 라이브러리를 사용하여 여러 가지 데이터를 시각화 해보기로 합니다.

4.2.1 데이터 파일

실습에 사용할 데이터 파일을 다음과 같습니다.

welfare_python.csv 파일에 대한 내용은 다음과 같습니다.

컬럼	설명	컬럼	설명
gender	성별(남, 여)	birth	생일(태어난 년도)
marriage	혼인 상태 0.비해당(18세 미만), 1.유배우, 2.사별, 3.이혼, 4.별거, 5.미혼(18세이상, 미혼모 포함), 6.기타(사망 등)	religion	종교 유무 1.있음, 2.없음
code_job	직업 코드	income	소득(월 평균 임금)
code_reli-gion	7개 권역별 지역 구분 1. 서울, 2. 수도권(인천/경기) 3. 부산/경남/울산, 4.대구/경북, 5. 대전/충남 6. 강원/충북, 7.광주/전남/전북/제주도		

welfare_job.csv 파일에 대한 내용은 다음과 같습니다.

속성	설명	속성	설명
code_job	직업 코드	job	직업의 이름

4.2.2 데이터 분석 준비하기

(예제 파일) seabornWelfare.py, welfare_python.csv

| STEP 01 | 파이썬에서는 가까운 미래에 더 이상 지원을 하지 않는 기능에 대하여 다음과 같은 경고성 메시지를 보여 줍니다.

FutureWarning: `distplot` is a deprecated function and will be removed in a future version.
Please adapt your code to use either `displot` (a figure-level function with similar flexibility) or `kdeplot` (an axes-level function for kernel density plots).
warnings.warn(msg, FutureWarning)

이러한 메시지에 대한 경고성 메시지를 없애는 방법은 다음과 같이 warnings 모듈을 임포트 하는 방법이 있습니다.

이것을 사용하게 되면 더 이상 경고 메시지가 보이지 않게 됩니다.

시각화를 위한 모듈 및 관련 파라미터들을 다음과 같이 설정하도록 합니다.

```
import warnings
warnings.simplefilter(action='ignore', category=FutureWarning)

import matplotlib.pyplot as plt
plt.rc('font', family='Malgun Gothic')
plt.rcParams[ " font.size " ] = 12
plt.rcParams['xtick.labelsize'] = 12.
plt.rcParams['ytick.labelsize'] = 12.
plt.rcParams['axes.unicode_minus'] = False
```

| STEP 02 **|** 다음 변수들은 이미지 파일 저장과 관련된 변수들입니다.
CHART_NAME 변수는 이미지에 붙여질 접두사입니다.
생성되는 모든 이미지에는 'seabornWelfare'라는 접두사가 붙습니다
변수 cnt는 이미지 생성시 자동으로 증가하는 일련번호 성격의 변수입니다.
PNG 변수는 확장자를 UNDERBAR는 파일의 이름 중간에 붙이는 언더바 성격의 변수입
니다.

```
CHART_NAME = 'seabornWelfare'
cnt, PNG, UNDERBAR = 0, '.png', '_'
filename = './../data/welfare_python.csv'
```

| STEP 03 **|** 복지 패널 관련 파일을 읽습니다.
컬럼 색인에 대한 정보를 출력해 봅니다.

```
import pandas as pd
welfare = pd.read_csv(filename, encoding='utf-8')

print(welfare.columns)
Index(['gender', 'birth', 'marriage', 'religion', 'code_job', 'income', 'code_religion'], dtype='ob-
ject')
```

4.2.3 복지 데이터 전처리

| STEP 01 | 본격적인 실습에 앞서 관련 데이터들에 대하여 "데이터 전처리"를 다음과 같이 수행합니다.

데이터 전처리를 하는 이유는 가독성 향상을 위함입니다.

우리는 다음과 같이 "데이터 전처리"를 수행하도록 하겠습니다.

속성	설명	비고
gender	값이 1이면 '남성', 2이면 '여성'으로 변경합니다.	
marriage	값이 1이면 '결혼', 3이면 '이혼', 나머지는 '결측치'라는 문자열로 처리합니다.	
code_job	직업 코드와 관련된 컬럼입니다. 파일 'welfare_job.csv'와 결합하여 직업 이름 정보를 추출하도록 합니다.	
code_religion	7개 권역별 지역으로 문자열로 구분하도록 합니다. 1. 서울, 2. 수도권(인천/경기) 3. 부산/경남/울산, 4.대구/경북, 5. 대전/충남 6. 강원/충북, 7.광주/전남/전북/제주도	
age	현재 년도에서 태어난 년도를 뺄셈합니다.	신규 컬럼
religion	종교의 유무를 있음(1)과 없음(2)으로 표기합니다.	
income	소득이 없는 데이터에 대하여 다른 월급들의 평균 값을 적용합니다.	
ageg	나이를 이용하여 연령대를 신규로 만듭니다. 청년은 '30세 미만', 중년은 '30세 이상', 노년은 '60세 이상'으로 설정하도록 합니다.	신규 컬럼

| STEP 02 | 성별을 의미하는 'gender' 컬럼에 대하여 숫자 값을 문자열 값으로 치환합니다.

나이 컬럼은 생일 컬럼을 기반으로 산술 연산을 수행하여 신규로 만듭니다.

```
welfare.loc[welfare['gender'] == 1, ['gender']] = '남성'
welfare.loc[welfare['gender'] == 2, ['gender']] = '여성'

print('\n# 나이 컬럼은 존재하지 않으므로 생일 컬럼을 이용하여 산술 연산합니다.')
thisyear = 2020
welfare['age'] = thisyear - welfare['birth'] + 1
```

| STEP 03 | 결혼 컬럼 'marriage'은 apply() 함수를 적용시켜 적절한 문자열로 변경하도록 합니다.

값이 1이면 '결혼'으로, 3이면 '이혼'으로 이외에는 '무응답'의 값으로 처리하도록 합니다.

```python
def setMarriage( x ):
    if x == 1 :
        return '결혼'
    elif x == 3 :
        return '이혼'
    else :
        return '무응답' # 결측치

welfare['marriage'] = welfare['marriage'].apply(setMarriage)
```

| STEP 04 | 월급이 존재하지 않는 사람이 몇 명인지 우선 파악해 봅니다.

결측치에 대하여 비결측치의 평균 값을 적용하도록 합니다.

전체 결측치는 12030개인데, 수정이 된 다음 0개로 출력이 됨을 확인할 수 있습니다.

```python
print('\n# 월급 결측치 개수 구하기 before')
print(sum(welfare['income'].isnull( )))
12030

welfare.loc[welfare['income'].isnull( ), 'income'] = welfare['income'].mean( )

print('\n# 월급 결측치 개수 구하기 after')
print(sum(welfare['income'].isnull( )))
0
```

| STEP 05 | apply() 함수를 사용하여 종교 컬럼 'religion'에 대하여 수치 값을 문자열 값으로 변경합니다.

컬럼 'religion'의 값이 1이면 종교가 있습니다.

```python
def setReligion_txt( x ):
    if int(x) == 1 :
        return '있음'
    else :
        return '없음'
```

```
'religion' 컬럼이 어떠한 값을 가지고 있는 지 unique( )`함수를 사용하여 확인합니다.

print( " welfare['religion'].unique( )")
print(welfare['religion'].unique( ))

숫자 1과 2의 값이 있음을 확인할 수 있습니다.
[2 1]

welfare['religion'] = welfare['religion'].apply(setReligion_txt)
```

| STEP 06 | 직업 코드 정보를 저장하고 있는 파일을 읽어 들입니다.
직업 코드 목록을 출력해 봅니다.

```
job_file = './../data/welfare_job.csv'
jobframe = pd.read_csv(job_file, encoding='cp949')

print( " welfare['code_job'].unique( )")
print(welfare['code_job'].unique( ))

[   nan  942.  762.  530.  999.  312.  254.  510.  286.  521.  773.  314.
   941.  951.  274.  873.  320.  952.  151.  152.  772.  852.  442.  991.
   422.  313.  710.  522.  399.  753.  851.  235.  231.  311.  721.  953.
   930.  863.  910.  392.  761.  922.  285.  875.  862.  421.  243.  223.
   252.  259.  771.  135.  245.  221.  751.  251.  141.  722.  246.  289.
   281.  741.  261.  247.  441.  864.  222.  411.  799.  743.  780.  149.
   891.  823.  159.  248.  874.  892.  241.  239.  791.  271.  871.  391.
   620.  131.  431.  811.  272.  429.  213.  842.  283.  284.  134.  611.
   236.  792.  855.  234.  861.  921.  253.  752.  841.  330.  233.  899.
   139.  432.  212.  423.  730.  273.  211.  412.  120.  992.  854.  822.
   831.  853.  832.  612.  821.  613.  774.  132. 1011.  237.  153.  133.
   224.  882.  242.  244.  232.  630.  742.  843. 1012.  881.  812.  819.
   111.  876.]
```

| STEP 07 | 복지 관련 데이터 프레임 welfare에는 직업에 대한 이름 정보가 존재하지 않습니다. 대신 jobframe이라는 데이터 프레임에 해당 정보가 들어 있습니다.

merge( ) 함수를 사용하여 양쪽 데이터 프레임의 정보를 합칩니다.
결과 'job' 컬럼이 새롭게 추가되었고, 각 직업 코드에 대응하는 직업의 이름이 보입니다.

```
print('\n# merge( ) 함수의 left_on과 right_on 사용하기')
welfare = pd.merge( welfare, jobframe, left_on='code_job', right_on='code_job')
print(welfare)

# merge( ) 함수의 left_on과 right_on 사용하기

        gender    birth    marriage    code_religion    age              job
0        남성      1948      무응답          1            73.0          경비원 및 검표원
1        남성      1945      이혼           1            76.0          경비원 및 검표원
2        남성      1946      결혼           1            75.0          경비원 및 검표원
3        남성      1953      결혼           1            68.0          경비원 및 검표원
4        남성      1960      결혼           1            61.0          경비원 및 검표원

...       ...      ...       ...          ...           ...
7524     여성      1950      결혼           6            71.0      기타 식품가공관련 기계조작원
7525     남성      1960      결혼           7            61.0   의회의원 고위공무원 및 공공단체임원
7526     남성      1960      결혼           1            61.0   의회의원 고위공무원 및 공공단체임원
7527     남성      1992      무응답          3            29.0    선박 갑판승무원 및 관련 종사원
7528     남성      1935      결혼           3            86.0    선박 갑판승무원 및 관련 종사원

[7529 rows x 9 columns]
```

| STEP 08 **|** 권역별 지역 정보 컬럼 'code_religion' 정보를 확인합니다.
총 7개의 권역 정보가 들어 있습니다.

```
print( " welfare['code_religion'].unique( ) " )
print(welfare['code_religion'].unique( ))

다음과 같이 7개의 권역별 지역에 대한 숫자 값을 출력합니다.
[1 2 3 4 7 5 6]
```

| STEP 09 **|** apply( ) 함수와 setReligion_txt 함수를 사용하여 문자열 데이터로 변경합니다.

```
def setReligion_txt( x ):
    if int(x) == 1 :
        return '서울'
    elif int(x) == 2 :
        return '수도권'
    elif int(x) == 3:
        return '부산/경남/울산'
    elif int(x) == 4 :
```

```
        return '대구/경북'
    elif int(x) == 5 :
        return '대전/충남'
    elif int(x) == 6 :
        return '강원/충북'
    elif int(x) == 7 :
        return '광주/전남/전북/제주도'

welfare['code_religion'] = welfare['code_religion'].apply(setReligion_txt)
```

| STEP 10 **|** 연령대를 다음과 같이 분류해 보고자 합니다.

'청년'은 30세 미만, '중년'은 30세 이상, '노년'은 60세 이상이라고 가정합니다.

우선 나이에 맞는 문자열을 반환하기 위한 함수 newAge()를 정의합니다.

apply() 함수를 사용하여 신규 파생 컬럼 'ageg'을 생성합니다.

```
def newAge(x):
    if x < 30:
        return '청년'
    elif x >= 30 and x < 60:
        return '중년'
    else :
        return '노년'

welfare['ageg'] = welfare['age'].apply(newAge)

print(welfare[['age', 'ageg']].head( ))
        age      ageg
0      73.0      노년
1      76.0      노년
2      75.0      노년
3      68.0      노년
4      61.0      노년
```

| STEP 11 **|** 모든 데이터에 대하여 전처리를 완료하였습니다.

모든 컬럼들이 영문으로 되어 있어 직관력이 다소 떨어집니다. 따라서, 모든 컬럼들을 '한글' 이름으로 컬럼을 변경하도록 하겠습니다.

Pandas 데이터 프레임의 rename( ) 메소드에 columns 매개 변수를 이용하여 변경할 수 있습니다.

최종 결과물을 csv 파일 형식으로 저장하도록 합니다.

```
col_mapping = {'gender':'성별', 'birth':'생일', 'marriage':'결혼 유무', 'religion':'종교 유무',
'code_job':'직업 코드', 'income':'소득', 'code_religion':'지역구', 'age':'나이', 'job':'직업',
'ageg':'연령대'}

welfare = welfare.rename(columns = col_mapping)

welfare.to_csv('welfareClean.csv', index=False, encoding='cp949')
```

| STEP 12 **|** 데이터가 잘 만들어졌는 지 다음 함수들을 이용하여 확인해보도록 합니다.

```
print(welfare.columns)
Index(['성별', '생일', '결혼 유무', '종교 유무', '직업 코드', '소득', '지역구', '나이', '직업', '연
령대'], dtype='object')

print(welfare.head(10))

     성별   생일  결혼유무  종교유무  직업코드    소득    지역구   나이      직업      연령대
0   남성  1948  무응답   없음   942.0  120.0  서울   73.0  경비원 및 검표원  노년
1   남성  1945  이혼    없음   942.0  220.2  서울   76.0  경비원 및 검표원  노년
2   남성  1946  결혼    없음   942.0  139.0  서울   75.0  경비원 및 검표원  노년
3   남성  1953  결혼    없음   942.0  150.0  서울   68.0  경비원 및 검표원  노년
4   남성  1960  결혼    있음   942.0  166.0  서울   61.0  경비원 및 검표원  노년
5   남성  1939  결혼    있음   942.0  NaN    서울   82.0  경비원 및 검표원  노년
6   남성  1947  결혼    있음   942.0  150.0  수도권  74.0  경비원 및 검표원  노년
7   남성  1952  이혼    없음   942.0  170.0  서울   69.0  경비원 및 검표원  노년
8   남성  1949  결혼    있음   942.0  100.0  서울   72.0  경비원 및 검표원  노년
9   남성  1942  결혼    있음   942.0  120.0  서울   79.0  경비원 및 검표원  노년
```

| STEP 13 **|** describe() 함수를 사용하여 간략한 통계 정보를 확인합니다.

```
print(welfare.describe( ))

                생일         직업코드          소득          나이
count   7529.000000   7529.000000   4634.000000   7529.000000
mean    1964.012087    591.243724    241.619016     56.987913
std       15.524029    255.793317    184.423869     15.524029
min     1919.000000    111.000000      0.000000     23.000000
25%     1952.000000    314.000000    122.000000     45.000000
50%     1965.000000    611.000000    192.500000     56.000000
75%     1976.000000    863.000000    316.600000     69.000000
max     1998.000000   1012.000000   2400.000000    102.000000
```

| STEP 14 **|** 각각의 컬럼이 가지는 unique한 값을 확인합니다.

이를테면, '결혼 유무' 컬럼은 ['무응답' '이혼' '결혼'] 3가지 값 중에서 하나를 가집니다.

'종교 유무' 컬럼은 ['없음' '있음'] 2가지 값 중에서 하나를 가집니다.

```
print(welfare['결혼 유무'].unique( ))
['무응답' '이혼' '결혼']

print(welfare['종교 유무'].unique( ))
['없음' '있음']

print(welfare['지역구'].unique( ))
['서울' '수도권' '부산/경남/울산' '대구/경북' '광주/전남/전북/제주도' '대전/충남' '강원/충북']

print(welfare['직업'].unique( ))
['경비원 및 검표원' '전기공' '방문 노점 및 통신 판매 관련 종사자' '기타 서비스관련 단순 종사
원' '경영관련 사무원'
 '문리 기술 및 예능 강사' ... 이하 중략]

print(welfare['연령대'].unique( ))
['노년' '중년' '청년']
```

| STEP 15 **|** FileSave 함수는 그래프에 대하여 이미지 파일로 저장해주는 역할을 합니다.

변수 cnt의 값이 하나씩 증가하면서 새로운 이미지 파일을 생성합니다.

변수 이름에 global 키워드가 있으면, 이 변수는 전역 변수임을 의미합니다.

cnt 변수는 전역 변수로써, 1씩 값이 증가하면서 이미지 파일 번호로 사용되는 변수입니다.

```
def FileSave( ):
    global cnt
    cnt += 1
    savefile = CHART_NAME + UNDERBAR + str(cnt).zfill(2) + PNG
    plt.savefig(savefile, dpi=400)
    print(savefile + ' 파일이 저장되었습니다.')
# end def FileSave( ):
```

4.2.4 척도에 대한 이해

통계 분석 방법을 결정할 때, 척도(scale)에 대한 이해가 필요합니다.

척도는 연구 대상을 측정하기 위한 측정 도구로 사용이 되고, 설문지 등에서 숫자나 기호 등을 이용하여 응답자에게 값을 선택할 수 있도록 측정하게 하는 단위입니다.

척도의 적절한 예시로써 설문 조사를 들 수 있습니다.

척도의 예시
(설문 조사) ① 매우 그렇다. ② 그렇다. ③ 보통입니다. ④ 그렇지 않다. ⑤ 매우 그렇지 않다.

이처럼 객관식 형태로 어떠한 항목을 선택할 수 있는 양식으로 작성이 됩니다.

이와 같은 척도는 크게 범주형 척도와 연속형 척도로 크게 양분됩니다.
일반적으로 척도를 나누는 기준은 '수량화 가능 여부'입니다.

척도	예시	세부 설명
범주형	성별, 직업	크기를 비교할 필요가 없습니다.
연속형	만족도, 키, 몸무게	만족도는 1점에서 5점까지의 점수로 평가가 가능합니다.

척도의 종류

종류		설명	예시
범주형 (정성적-질적)	명목 척도	단지 구분을 하기 위한 목적으로 숫자를 부여하여 만든 척도입니다. 숫자의 양적인 의미는 없습니다.	성별) 숫자 1은 남자, 2는 여자입니다. 직업) 숫자 1(학생), 2(교수), 3(직원) 학력) 숫자 1(초졸), 2(중졸), 3(고졸), 4(대졸) 색상) 1(검정), 2(흰색), 3(쥐색), 4(청색), 5(녹색)
	서열 척도	순서적 상하 관계를 나타냅니다. 측정 대상의 높고 낮음, 크고 작음, 많고 적음, 선호도의 높고 낮음 숫자의 양적인 의미는 없습니다.	직급) 1(사원), 2(대리), 3(과장), 4(부장), 5(이사)
연속형 (정량적-양적)	등간 척도	균일한 간격을 두고 분할하여 측정하는 척도를 의미합니다. 속성에 대한 각 수준 간의 간격이 동일한 경우에 해당합니다.	설문 조사 : 1) 매우 그렇다. 2) 그렇다. 3) 보통입니다. 4) 그렇지 않다. 5) 매우 그렇지 않다.
	비율 척도	등간 척도에 비율의 개념이 첨가된 척도입니다. 비율 계산이 가능합니다.(사칙 연산) 절대적 0점을 출발점으로 하여 속성을 양적으로 표현하는 척도입니다.	나이가 얼마입니까? 귀하의 몸무게는 얼마입니까?

4.2.5 결혼 유무와 종교 유무에 따른 빈도(countplot)

countplot() 함수는 범주형 데이터에 대하여 항목별 개수를 세어서 막대 그래프를 그려 줍니다.

이 명령을 사용하면 각 카테고리 값 별로 데이터가 얼마나 있는지 표시할 수 있으며, 해당 column을 구성하고 있는 value들을 구분하여 보여줍니다.

매개 변수

항목	설명
x	데이터프레임의 열 이름 문자열을 지정합니다.
data	대상이 되는 데이터프레임을 지정합니다.
hue	특성을 구분할 컬럼을 지정합니다.
order	열거할 데이터의 순서를 사용자가 정의하고자 할 때 사용합니다.
linewidth	테두리 선의 두께를 지정합니다.
edgecolor	Bar의 테두리(edge) 색상을 지정할 때 사용합니다.
palette	색상 팔레트를 지정합니다. 예시) 'Paired', 'dark' 등등

| STEP 01 | '결혼 유무'에 대한 빈도 수를 이용하여 countplot 함수를 사용해 봅니다. 우선 '결혼 유무'의 범주별로 각각 몇 건이 존재하는지 확인합니다.
'이혼'이라는 값이 상대적으로 적은 빈도를 가지고 있고, '결혼'이하는 값이 상대적으로 큰 값을 보유하고 있습니다.
그룹별 개수는 groupby() 메소드를 사용하면 됩니다.

```
print('결혼 유무 빈도')
result = welfare.groupby('결혼 유무')['결혼 유무'].count( )

print(result)
결혼 유무 빈도
결혼 유무
결혼      5307
무응답    1803
이혼      419
Name: 결혼 유무, dtype: int64
```

| STEP 02 **|** '결혼 유무'에 대한 빈도를 이용하여 다음과 같이 countplot 함수를 사용합니다.

order 매개 변수를 사용하면 사용자 임의대로 보여질 순서를 정의할 수 있습니다.

```
ORDERING = ['결혼', '이혼', '무응답']
plt.figure( )
plt.title('결혼 유무 빈도')
sns.countplot(x='결혼 유무', data=welfare, order=ORDERING)
FileSave( )
```

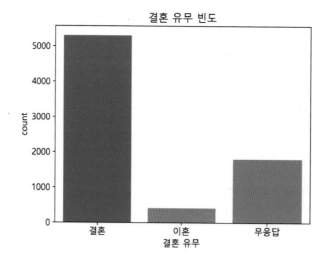

| STEP 03 **|** '결혼 유무' 및 '종교 유무' 컬럼과 관련 빈도 수를 다음과 같이 구해 봅니다.
예를 들어 '기혼자' 중에 종교가 '있음'인 사람은 2529명입니다.

```
print('결혼 유무 vs 종교 유무 빈도')
result = welfare.groupby(['결혼 유무', '종교 유무'])['결혼 유무'].count( )

print(result)
결혼 유무 vs 종교 유무 빈도
결혼 유무  종교 유무
결혼      없음       2778
        있음       2529
무응답     없음        932
        있음        871
이혼      없음        247
        있음        172
Name: 결혼 유무, dtype: int64
```

| STEP 04 **|** '결혼 유무'를 그룹으로 나눈 다음 hue 매개 변수를 이용하여 '종교 유무' 컬럼에 대한 하위 세부 그룹으로 또 분류합니다.

```
plt.figure( )
plt.title('결혼 유무 vs 종교 유무 빈도')

import seaborn as sns
sns.countplot(x='결혼 유무', hue='종교 유무', data=welfare, order=ORDERING)
FileSave( )
```

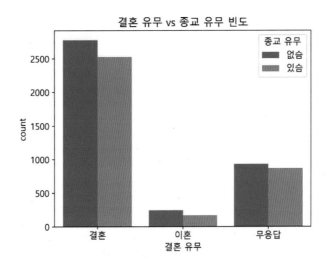

| STEP 05 **|** linewidth 매개 변수는 막대 그래프의 테두리에 선을 그리고자 할 때 두께를 지정해주는 옵션입니다.

edgecolor 매개 변수는 Bar의 테두리(edge) 색상을 지정할 때 사용합니다.

색상 지정 시 팔레트는 palette 매개 변수를 사용하여 조정 가능합니다.

```
plt.figure( )
plt.title('막대 테두리에 색상 넣기')
sns.countplot(x='결혼 유무', hue='종교 유무', data=welfare, order=ORDERING, linewidth=1,
edgecolor=sns.color_palette(" dark ", 3))
FileSave( )
```

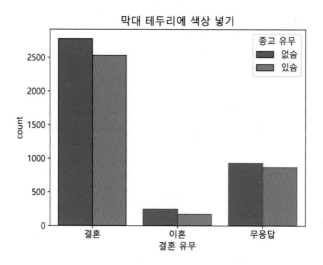

| STEP 06 | 매개 변수 x 대신에 y를 사용하면 수직 막대 형식이 아닌 수평 막대 형식의 그래프를 그릴수 있습니다.

```
plt.figure( )
plt.title('가로 막대로 그리기')
sns.countplot(y='결혼 유무', hue='종교 유무', data=welfare, order=ORDERING)
FileSave( )
```

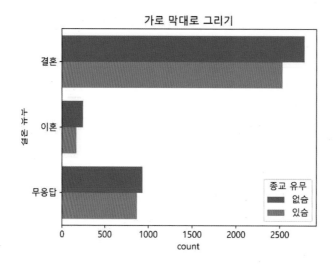

| STEP 07 **|** palette 매개 변수를 이용하여 지정된 팔레트를 사용하여 색상을 지정할 수 있습니다.

```
plt.figure( )
plt.title('색상 팔레트 설정')
sns.countplot(x='결혼 유무', hue='종교 유무', palette='Paired', data=welfare, order=ORDERING)
FileSave( )
```

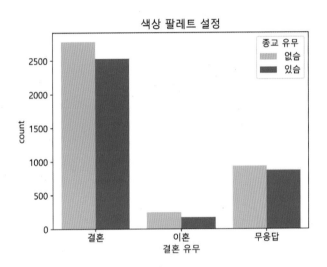

4.2.6 나이에 따른 히스토그램(distplot)

distplot 명령은 러그와 커널 밀도 표시 기능이 있어서 matplotlib의 hist 명령보다 많이 사용됩니다.
matplotlib의 hist 그래프와 kdeplot을 통합한 그래프로 일변량 데이터에 사용됩니다.
distplot() 함수는 데이터의 분포와 밀도를 확인할 수 있습니다.

매개 변수

항목	설명
a	Series, 1d-array, or list 등을 사용할 수 있습니다.
bins	계급의 개수를 지정하는 매개 변수입니다.

항목	설명
hist	True이면 히스토그램을 그려 줍니다.
kde	kde는 histogram보다 부드러운 형태의 분포 곡선을 보여주는 방법입니다. True이면 kde(kernel density) 형식으로 보여 줍니다.
rug	True이면 rugplot을 그려 줍니다.
vertical	기본 값은 False으로, True이면 가로로 그래프를 그려 줍니다.
color	색상을 지정합니다. 문자열 형식인 'g'(녹색), 'y'(노란색) 등의 형식으로 입력하면 됩니다.

| STEP 01 **|** 매개 변수 rug와 kde에 True 값을 지정하면, 커널 밀도 곡선과 rug(선분)을 동시에 보여 줍니다.

```
x = welfare['나이']

plt.figure( )
plt.title('rugplot과 kde')
sns.distplot(x, rug=True, hist=False, kde=True)
FileSave( )
```

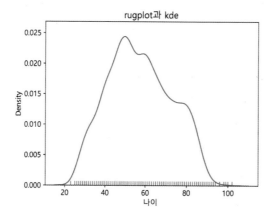

| STEP 02 **|** 커널 밀도 곡선(kde=True)과 히스토그램(hist=True)을 동시에 보여 줍니다.

```
plt.figure( ) # kde(kernel density)
plt.title('kde와 histogram')
sns.distplot(x, rug=False, hist=True, kde=True, label='asdf')
FileSave( )
```

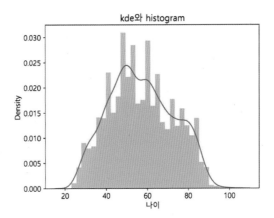

| STEP 03 **|** vertical 매개 변수의 값이 True이면 데이터를 가로 방향으로 그릴 수 있습니다.

```
plt.figure( )
plt.title('가로로 표현하기')
sns.distplot(x, vertical=True)
FileSave( )
```

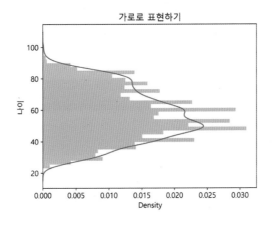

| STEP 04 **|** color 매개 변수는 색상을 지정하는 옵션입니다.
'r', 'g' 등의 문자열 형식으로 지정이 가능합니다.

```
plt.figure( )
plt.title('컬러 바꾸기')
sns.distplot(x, color="m")
FileSave( )
```

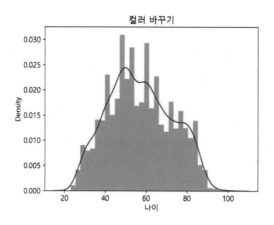

4.2.7 결혼 유무와 성별에 따른 히트맵(heatmap)

데이터가 2차원이고 모든 값이 카테고리 값이면 heatmap 명령을 사용하면 좋습니다. heatmap은 색상으로 표현된 행렬 정보를 이용하여 사각형의 그래프를 그려 줍니다. heatmap을 이용해도 두 개의 카테고리 값에 의한 실수 값의 변화를 볼 수 있습니다. 색상으로 표현할 수 있는 다양한 정보를 일정한 이미지 위에 열 분포 형태의 visual graphic으로 출력하는 것이 특징입니다.

매개 변수

항목	설명
data	2차원 형식의 데이터 셋(DataFrame 등등)을 사용합니다.
cmap	colormap 이름이나 색상을 담고 있는 list 자료 구조를 사용합니다.
annot	True이면 cell에 해당하는 수치 값을 보여 줍니다.

| STEP 01 | heatmap 함수를 적용하기 전에 우선 pivot table 기능을 살펴보기로 합니다.

pivot table은 데이터를 하나 이상의 키로 구분해서 어떤 키는 row(행)에, 어떤 키는 column(열)에 나열하여 데이터를 정렬시키는 기법입니다. 즉, 행과 열의 위치를 개발자가 원하는 대로 바꿔 주는 함수입니다.

복지 데이터를 사용하여 다음과 같이 피봇 테이블을 구성합니다.

매개 변수 values는 집계하고자(보고자) 하는 컬럼 이름 또는 리스트를 명시합니다.
즉, cell에 들어갈 항목을 여기에 명시합니다. 예시에서는 '나이'에 대한 정보를 사용합니다.
매개 변수 index는 행에 보여줄 데이터 이름을 의미하는데, '성별'을 사용합니다.
매개 변수 columns는 컬럼에 보여줄 데이터 이름 또는 리스트를 명시하는 데 '결혼 유무'를 사용합니다.

```
pivot = welfare.pivot_table(index='성별', columns='결혼 유무', values='나이')
print('pivot_table을 이용한 시각화')
print(pivot)

pivot_table을 이용한 시각화

결혼 유무       결혼        무응답       이혼
성별
남성        59.806978  43.629973  58.57767
여성        58.890179  53.913251  57.28169
```

| STEP 02 | 수치 데이터에 대하여 정수 값으로 반올림을 수행합니다.
색상의 진한 정도를 이용하여 값의 크기를 구분해 줍니다.

```
plt.figure( )
plt.title('결혼 유무와 성별에 대한 히트맵')
sns.heatmap(data=pivot, annot=True)
FileSave( )
```

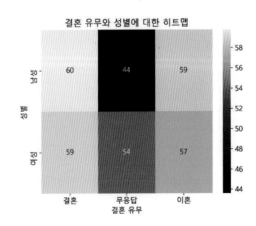

| STEP 03 **|** 이번에는 correlation(상관 관계)를 시각화해 보도록합니다.
데이터 프레임에 corr( ) 함수를 적용하면 상관 계수를 구할 수 있습니다.

```
cor = welfare.corr( )
print('상관 관계 시각화')
print(cor)

상관 관계 시각화
                  생일       직업 코드       소득          나이
   생일        1.000000   -0.287829    0.13800    -1.000000
   직업 코드  -0.287829    1.000000   -0.32287     0.287829
   소득        0.138000   -0.322870    1.00000    -0.138000
   나이       -1.000000    0.287829   -0.13800     1.000000


plt.figure( )
plt.title('상관 관계 시각화')
sns.heatmap(data=cor, annot=True, cmap=" YlGnBu ")
FileSave( )
```

| STEP 04 **|** 그림을 보면 생일과 나이의 상관 계수는 -1입니다.
이것은 나이가 많을수록 생년월일이 훨씬 먼 과거이기 때문에 당연한 결과입니다.

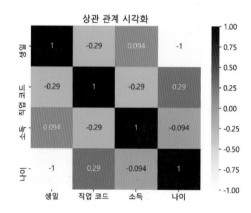

4.2.8 두 컬럼간의 짝 그래프(pairplot)

3차원 이상의 다차원 실수형 데이터인 경우 pairplot 함수를 사용합니다.

pairplot 함수는 dataSet들 중에서 각각 2개 컬럼들간의 관계를 그래프로 그려 주는 역할을 합니다.

데이터 프레임을 인수로 받아 그리드(grid) 형태로 각 데이터 열의 조합에 대해 산점도 그래프를 그려 줍니다.

동일한 데이터가 만나는 대각선 영역에는 해당 데이터의 히스토그램을 그려 줍니다.

pairplot 함수는 숫자형 column에 대해서만 가능합니다.

매개 변수

항목	설명
data	적용할 데이터 프레임을 지정합니다.
hue	특성을 구분할 컬럼을 지정합니다.
palette	팔레트를 지정하는 옵션입니다.
height	각 facet의 높이를 inches로 지정합니다.
markers	마킹될 도형의 모양을 지정합니다. 예시) markers=["o", "s", "D", "p"]

| **STEP** 01 | 변수 newwelfare에 분석시 사용할 컬럼 정보들만 별도로 추출합니다.

```
newwelfare = welfare.loc[:, ['직업 코드', '소득', '나이', '결혼 유무']]

plt.figure( )
plt.title('기본 pairplot')
sns.pairplot(data=newwelfare)
FileSave( )
```

| STEP 02 **|** 우측 하단의 '나이'에 대한 히스토그램을 살펴보면 대략 50대에서 60대의 사람이 많이 분포되어 있음을 확인할 수 있습니다.

정중앙의 '소득'에 대한 히스토그램을 살펴보면 유독 큰 소득이 있는데, 이상치(outlier) 일 확률이 높습니다.

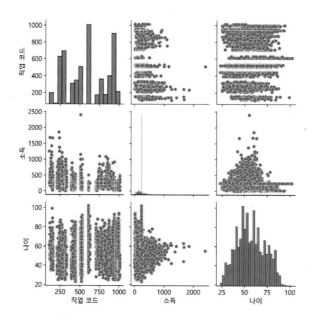

| STEP 03 **|** 동일한 데이터에 대하여 '결혼 유무'에 따르는 그래프를 다시 그립니다.

'결혼 유무' 컬럼이 취할 수 있는 값은 '결혼', '이혼', '무응답'의 3가지 경우입니다.

따라서, 그림과 같이 3가지 색상으로 분류되고 있습니다.

```
plt.figure( )
plt.title('hue 옵션으로 특성 구분')
sns.pairplot(data=newwelfare, hue='결혼 유무')
FileSave( )
```

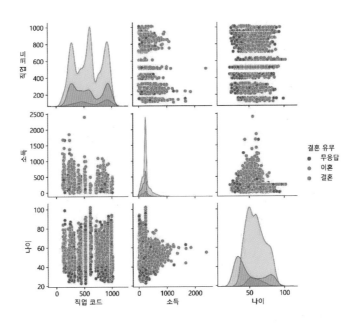

| STEP 04 **|** palette 매개 변수를 사용하여 다른 색상을 지정할 수 있습니다.

```
plt.figure( )
plt.title('컬러 팔레트 적용')
sns.pairplot(data=newwelfare, hue='결혼 유무', palette="rainbow")
FileSave( )
```

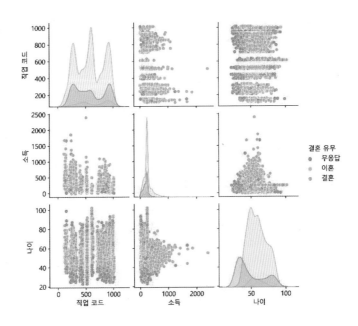

| STEP 05 **|** height 매개 변수는 각 facet의 높이를 inches 값으로 지정하는 옵션입니다.

```
plt.figure( )
plt.title('사이즈 적용')
sns.pairplot(data=newwelfare, hue='결혼 유무', palette=" rainbow ", height=5,)
FileSave( )
```

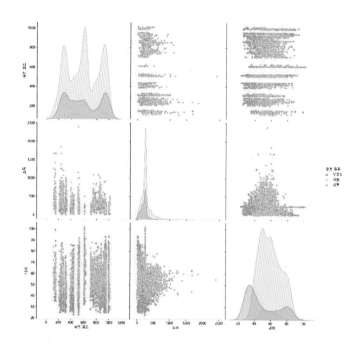

4.2.9 성별과 나이에 따른 바이올린 그래프(violinplot)

violinplot 함수는 바이올린처럼 생겼다고 붙여진 이름입니다.

KDE 플롯과 Box 플롯을 서로 조합하여 그린 그래프라고 생각하시면 됩니다.

상자 수염 그래프와는 다르게 커널 밀도 추정치를 이용하여 그래프를 그려 줍니다.

분포에 대한 결과를 보여주는 데는 효과적이나, 적은 샘플 사이즈를 이용하여 보여 주는
경우 다소 오해의 소지가 있을 수 있습니다.

매개 변수

항목	설명
x	그리고자 하는 컬럼을 명시합니다.
data	대상이 되는 데이터프레임을 지정합니다.

항목	설명
hue	특성을 구분할 컬럼을 지정합니다.
palette	색상 팔레트를 지정합니다.

| STEP 01 **|** describe( ) 함수는 해당 데이터에 대한 간단한 통계 정보를 보여 주는 함수입니다.

'나이' 컬럼의 전체 데이터 개수는 7529개이고, 최소 값은 23이고, 최대 값은 102입니다.

```
print( " welfare['나이'].describe( ) " )
print(welfare['나이'].describe( ))
welfare['나이'].describe( )
count    7529.000000
mean       56.987913
std        15.524029
min        23.000000
25%        45.000000
50%        56.000000
75%        69.000000
max       102.000000
Name: 나이, dtype: float64
```

| STEP 02 **|** '나이' 컬럼의 통계 정보를 이용하여 다음과 같이 바이올린 그래프를 그릴 수 있습니다.

```
plt.figure( )
plt.title('나이에 대한 바이올린 그래프')
sns.violinplot(x='나이', data=welfare)
FileSave( )
```

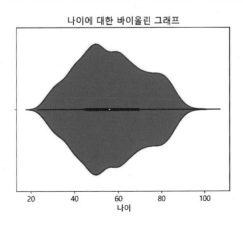

나이에 대한 바이올린 그래프

설 명

바이올린 그래프는 column에 대한 데이터의 비교 분포도를 확인할 수 있는데, 외부의 곡선은 데이터의 분포를 나타냅니다.

약 50정도의 나이에 많은 데이터가 분포되어 있음을 알 수 있습니다.

양쪽 끝 뾰족한 부분은 데이터의 최소 값 23과 최대 값 102를 나타냅니다.

가운데 조그만 흰색 점은 중앙 값(median)을 의미합니다.

바이올린 중앙의 검정 색상의 두꺼운 선은 사분위 범위를 나타냅니다.

얇은 선은 95% 신뢰 구간을 나타내고 있습니다.

|STEP 03 **|** x, y축을 지정해 줌으로써 바이올린을 분할하여 비교 분포를 볼 수 있습니다. x축은 성별로 데이터를 분리시키고, y축은 나이를 이용하여 바이올린 그래프를 그립니다.

```
plt.figure( )
plt.title('비교 분포 확인')
sns.violinplot(x='성별', y='나이', data=welfare)
FileSave( )
```

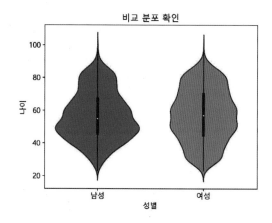

|STEP 04 **|** x와 y의 매개 변수를 서로 바꾸면 가로 형태의 바이올린 그래프를 생성할 수 있습니다.

```
plt.figure( )
plt.title('가로형 violinplot')
sns.violinplot(y='성별', x='나이', data=welfare)
FileSave( )
```

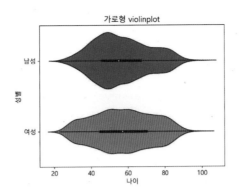

가로형 violinplot

| STEP 05 **|** hue 옵션을 주면, 단일 column에 대한 바이올린 모양의 비교를 할 수 있습니다. 다음 예시는 종교의 유무에 따른 바이올린 그래프를 그리되, hue 매개 변수를 사용하여 성별로 분리 작업을 수행하는 예시입니다.

```
plt.figure( )
plt.title('hue 옵션으로 분포 비교')
sns.violinplot(x='종교 유무', y='나이', hue='성별', data=welfare, palette="muted")
FileSave( )
```

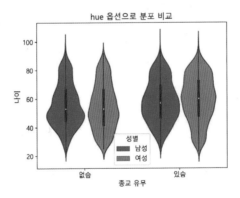

hue 옵션으로 분포 비교

4.2.10 선형 회귀 모델 그래프(lmplot)

lmplot에서 lm은 linear model의 줄인 말로써, 선형 모델이라는 의미입니다.

즉, 이 함수는 선형 회귀 모델과 연관이 있는 함수로써 column 간의 선형적인 관계를 확인하기에 용이한 차트입니다.

또한, 이상치(outlier) 데이터도 같이 짐작해 볼 수 있습니다.

매개 변수

항목	설명
x, y	x 축과 y 축에 그려질 데이터를 명시합니다.
data	사용할 DataFrame을 지정합니다.
hue	특성을 구분할 컬럼을 지정합니다.
height	각 항목의 면(Facet)에 대한 높이를 inch 단위로 지정합니다.
col='성별'	항목별 그래프를 별도로 그려볼 수 있습니다.
col_wrap=숫자	한 줄에 표기할 column의 갯수를 명시하는 옵션입니다.
scatter_kws	scatter 관련 keyword를 사전 형식으로 지정합니다. 예시) scatter_kws=dict(s=60, linewidths=.7, edgecolors='black')

| STEP 01 **|** 나이와 소득에 대한 산점도 그래프를 확인할 수 있습니다.

```
plt.figure( )
plt.title('기본 lmplot')
sns.lmplot(x='나이', y='소득', height=8, data=welfare)
FileSave( )
```

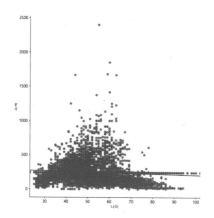

(설 명)

y축의 값이 300인 부근에 존재하는 직선은 회귀 선을 의미합니다.

| STEP 02 **|** hue 옵션을 사용하면 범주형 데이터의 항목별로 선형 관계를 그릴 수 있습니다.

```
plt.figure( )
plt.title('')
sns.lmplot(x='나이', y='소득', hue='결혼 유무', height=8, data=welfare)
FileSave( )
```

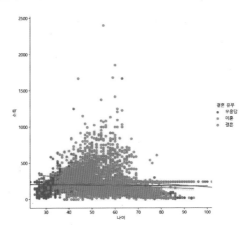

> **설 명**

그래프를 살펴 보면 '결혼', '이혼', '무응답'이라는 항목별로 색상을 표시하고, 각각에 해당하는 회귀선을 따로 보여 줍니다.
'이혼'에 대한 데이터가 상대적으로 적습니다.

| STEP 03 **|** col 매개 변수를 사용하면 항목별 그래프를 별도로 그려볼 수 있습니다 또한, col_wrap으로 한 줄에 표기할 column의 갯수를 명시할 수 있습니다.

```
plt.figure( )
plt.title('')
sns.lmplot(x='나이', y='소득', hue='결혼 유무', col='성별', col_wrap=2, height=8, data=welfare)
FileSave( )
```

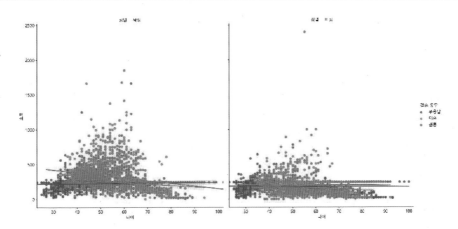

4.2.11 나이와 소득에 따른 산점도(replot)

두 column간 상관 관계를 보여 주지만 lmplot처럼 선형 관계를 따로 그려주지는 않습니다.

┃ STEP 01 **┃** x축을 '나이', y축을 '소득'으로 하여 산점도를 그리되, '성별' 컬럼으로 색상을 분리하여 그립니다.

```
plt.figure( )
plt.title('기본 relplot')
sns.relplot(x='나이', y='소득', hue='성별', data=welfare)
FileSave( )
```

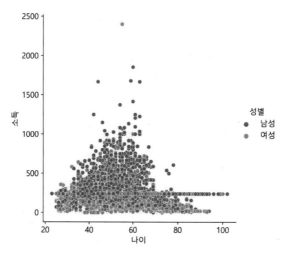

┃ STEP 02 **┃** 위의 그래프와 동일하되 '결혼 유무'라는 범주형 데이터 개수 만큼 데이터를 별도로 그립니다.

```
plt.figure( )
plt.title('col 옵션으로 그래프 분할')
sns.relplot(x='나이', y='소득', hue='성별', col='결혼 유무', data=welfare)
FileSave( )
```

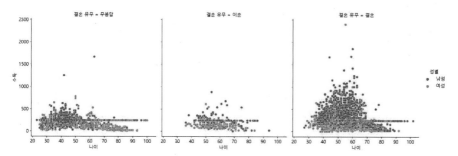

| STEP 03 **|** row 매개 변수에는 '연령대', col 매개 변수는 '결혼 유무' 컬럼을 명시하여 해당 컬럼만큼의 데이터를 보여 줍니다.

```
plt.figure( )
plt.title('')
sns.relplot(x='나이', y='소득', hue='성별', row='연령대', col='결혼 유무', data=welfare)
FileSave( )
```

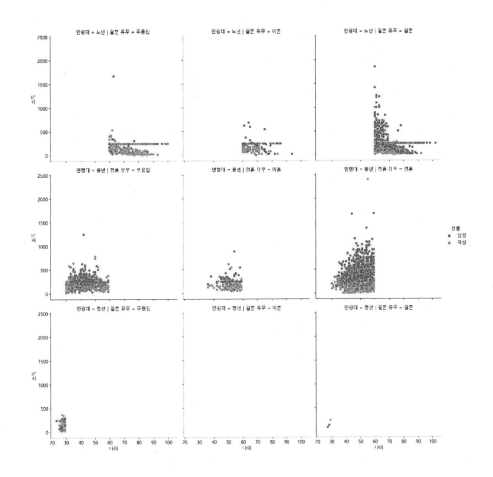

(설 명)

'연령대'는 ['노년', '중년', '청년'], '결혼 유무'는 ['결혼', '이혼', '무응답']이므로 총 9개(3*3)의 차트 영역에 데이터를 그립니다.
'청년'이면서 '이혼'한 사람은 데이터가 존재하지 않습니다.

| STEP 04 **|** 위의 그래프와 동일한 방식이고, palette 매개 변수를 사용하여 생상 팔레트를 지정하는 옵션입니다.

```
plt.figure( )
plt.title('컬러 팔레트 적용')
sns.relplot(x='나이', y='소득', hue='성별', row='연령대', col='결혼 유무', palette='CMRmap_r',
data=welfare)
FileSave( )
```

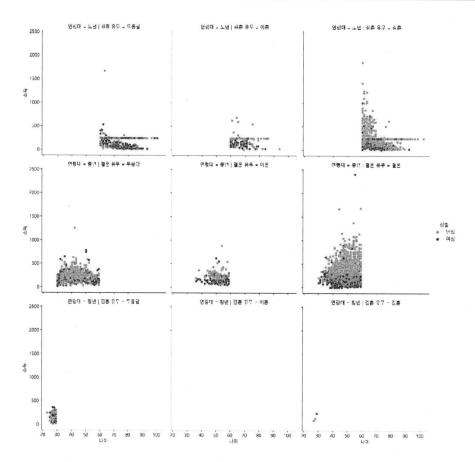

4.2.12 나이와 소득에 따른 산점도와 히스토그램(jointplot)

중앙에 scatter(산점도) 그래프를 차트의 가장 자리(margin)에 히스토그램(histogram)
을 동시에 그려 주는 함수입니다.

jointplot 함수는 숫자형 데이터만 표현이 가능합니다.

매개 변수

항목	설명
kind	차트의 종류를 지정합니다. 'scatter'는 Scatter plot를 그려 줍니다. 'hex'는 hex(육각형) 모양의 밀도를 확인할 수 있습니다. 'reg'는 선형 관계를 위한 회귀선(regression line)을 보여 줍니다. 'kde'는 데이터의 밀집도를 보다 부드러운 선으로 확인할 수 있습니다.

| STEP 01 | 기본 값으로 중앙에 산점도 그래프를, 상단 및 우측에 히스토그램을 그려 줍니다.

```
plt.figure( )
plt.title('기본 jointplot')
sns.jointplot(x='나이', y='소득', height=8, data=welfare)
FileSave( )
```

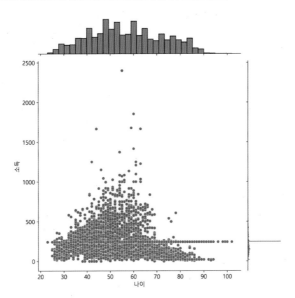

> **설 명**

상단의 히스토그램을 살펴 보면 나이의 데이터 분포가 40대 후반에서 60대 초반까지의 데이터가 많아 보입니다.

| STEP 02 **|** 선형 관계를 위한 회귀선(regression line)은 kind="reg"을 사용하면 됩니다.

```
plt.figure( )
plt.title('산점도와 histogram')
sns.jointplot(x='나이', y='소득', height=8, data=welfare, kind="reg")
FileSave( )
```

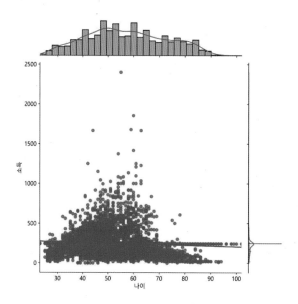

| STEP 03 **|** kind="hex" 매개 변수를 사용하면 육각형 모양의 밀도를 확인해주는 그 래프를 그려 줍니다.

```
plt.figure( )
plt.title('hex 밀도 보기')
sns.jointplot(x='나이', y='소득', height=8, data=welfare, kind="hex")
FileSave( )
```

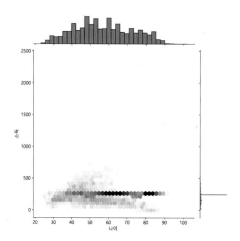

색상이 진할수록 밀도가 부분입니다.

| STEP 04 **|** kind="kde" 옵션으로 데이터의 밀집도를 보다 부드러운 선으로 확인할 수 있습니다.

```
plt.figure( )
plt.title('등고선 모양으로 밀집도 확인')
sns.jointplot(x='나이', y='소득', height=8, data=welfare, kind="kde", color="b")
FileSave( )
```

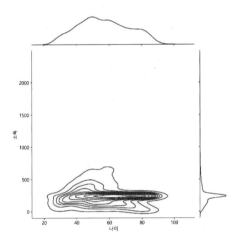

4.2.13 성별에 따른 소득 그래프(barplot)

barplot은 막대 그래프를 그려 주는 함수입니다.

매개 변수

항목	설명
x, y	x축에 놓여질 범주형 데이터, y축에는 연속형 데이터를 지정합니다.
data	적용할 데이터 프레임을 지정합니다.
hue	특성을 구분할 컬럼을 지정합니다.
errwidth	에러 바의 두께를 지정합니다.
estimator	기본 값은 평균(np.mean)입니다.

| STEP 01 **|** 컬럼 '소득', '나이'에 대한 간략한 통계치 정보를 확인합니다.

```
print(welfare[['소득', '나이']].describe( ))

소득            나이
count   7529.000000   7529.000000
mean     241.619016     56.987913
std      144.679991     15.524029
min        0.000000     23.000000
25%      162.600000     45.000000
50%      241.619016     56.000000
75%      241.619016     69.000000
max     2400.000000    102.000000
```

| STEP 02 **|** x 축에 '성별' 컬럼을 보여 주고, y 축에 '소득'에 대한 평균 값을 이용하여 일변량 막대 그래프로 보여 줍니다.

에러 바를 표시하지 않기 위하여 errwidth의 값을 0으로 지정합니다.

```
ax = plt.subplots( )
ax = sns.barplot(x='성별', y='소득', data=welfare, errwidth=0)
ax.set_title('성별에 따른 소득 그래프')
ax.set_xlabel('성별')
ax.set_ylabel('소득')
FileSave( )
```

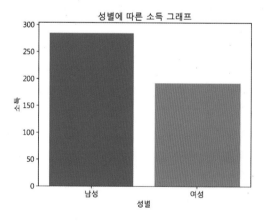

| STEP 03 **|** hue 매개 변수를 사용하여 '종교 유무'에 따른 색상 구분을 하고, 다변량 막대 그래프를 보여 줍니다.

```
ax = plt.subplots( )
ax = sns.barplot(x='성별', y='소득', hue='종교 유무', data=welfare, errwidth=0)
ax.set_title('성별에 따른 소득 그래프')
ax.set_xlabel('성별')
ax.set_ylabel('소득')
FileSave( )
```

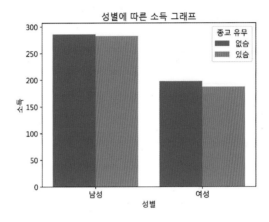

| **STEP** 04 | 매개 변수 x와 y의 값을 서로 맞바꾸면 가로 막대 그래프를 그릴 수 있습니다.

```
ax = plt.subplots( )
ax = sns.barplot(x='소득', y='성별', hue='종교 유무', data=welfare, errwidth=0)
ax.set_title('소득에 따른 성별 그래프')
ax.set_ylabel('성별')
ax.set_xlabel('소득')
FileSave( )
```

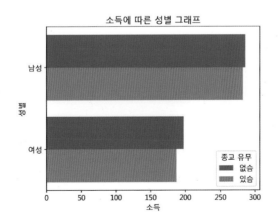

4.2.14 성별에 따른 소득 상자 수염 그래프(boxplot)

boxplot은 상자 수염 그래프를 그려 주는 함수입니다.

매개 변수는 barplot 함수와 거의 유사합니다.

┃STEP 01 **┃** 성별에 따른 소득의 분포에 대한 상자 수염 그래프를 그려 봅니다.

```
ax = plt.subplots( )
ax = sns.boxplot(x='성별', y='소득', data=welfare)
ax.set_title('성별에 따른 소득 상자 수염 그래프')
ax.set_xlabel('성별')
ax.set_ylabel('소득')
FileSave( )
```

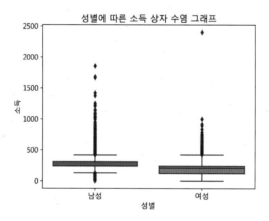

┃STEP 02 **┃** 이상치(outlier) 정보가 많은 관계로 인하여 이상치를 제거하고 다시 그려 보도록 하겠습니다. 소득이 400 이하인 행에 대하여 상자 수염 그래프를 그려 봅니다.

```
newwelfare = welfare.loc[ welfare['소득'] <= 400 ]
ax = plt.subplots( )
ax = sns.boxplot(x='성별', y='소득', data=newwelfare)
ax.set_title('성별에 따른 소득 상자 수염 그래프')
ax.set_xlabel('성별')
ax.set_ylabel('소득')
FileSave( )
```

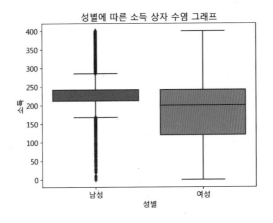

성별에 따른 소득 상자 수염 그래프

4.2.15 소득에 따른 나이(이차원 밀집도_kdeplot)

kdeplot은 kernel density estimation의 줄인 말입니다.

kdeplot 함수는 히스토그램 같은 데이터의 분포를 smoothing하여 그려 주는 기법을 말합니다.

확률 밀도를 추정하여 일종의 discrete(이산화)되어 있는 변수를 continuous(연속적)하게 만들어주는 것으로 보시면 됩니다.

매개 변수

항목	설명
data	x축에 그려질 데이터를 지정합니다.
data2	y축에 그려질 데이터를 지정합니다.
shade	True의 값을 가지면 그림자 효과를 지정할 수 있습니다.
color	색상을 지정합니다.
label	레이블을 지정합니다.
alpha	불투명도를 지정합니다.

```
kde, ax = plt.subplots( )
ax = sns.kdeplot(data=newwelfare['소득'],
                 data2=newwelfare['나이'],
                 shade=True)
ax.set_title('소득에 따른 나이(이차원 밀집도 shade=True)')
ax.set_xlabel('소득')
ax.set_ylabel('나이')
FileSave( )
```

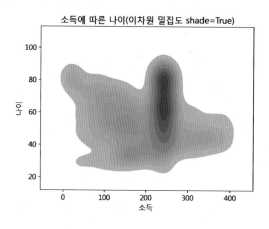

```
kde, ax = plt.subplots( )
ax = sns.kdeplot(data=newwelfare['소득'],
                 data2=newwelfare['나이'],
                 shade=False)
ax.set_title('소득에 따른 나이(이차원 밀집도 shade=False)')
ax.set_xlabel('소득')
ax.set_ylabel('나이')
FileSave( )
```

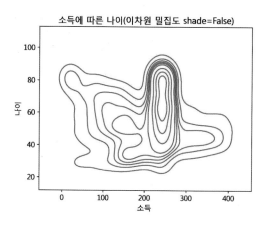

```
print('finished')
```

연습 문제 ① 다음과 같은 그래프를 그려 보세요.

예제 파일 humanTest.py, human_info.csv

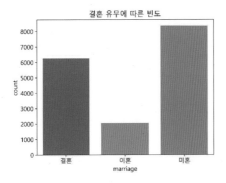

결혼(marriage) 컬럼에 대한 빈도 수 그래프

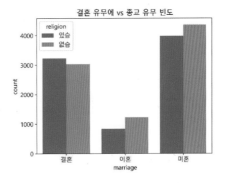

결혼(marriage) 컬럼에 대한 빈도 수를 성별로 분류한 그래프

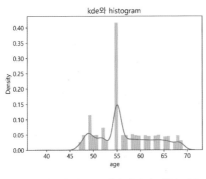

나이에 대한 히스토그램과 커널 밀도 함수 사용

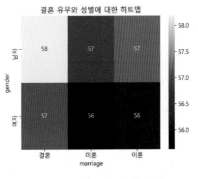

결혼 유무와 성별에 대한 히트맵

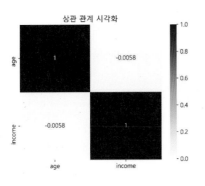

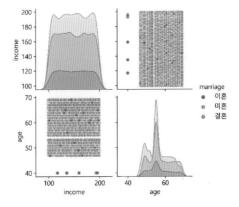

나이의 소득에 대한 상관 관계

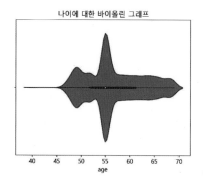

나이에 대한 바이올린 그래프

나이의 소득에 대하여 결혼 여부 pairplot 그래프

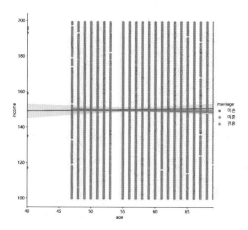

나이에 대한 바이올린 그래프

나이와 소득에 대하여 결혼 유무별 lmplot 그래프

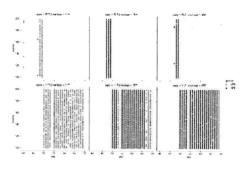

나이와 소득에 대하여 결혼 유무별 relplot 그래프.

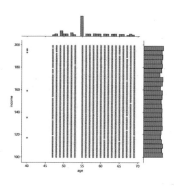

나이와 소득에 따른 jointplot 그래프

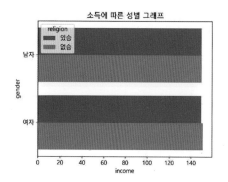

소득과 성별에 대하여 종교 유무별 그래프

요 약

파이썬에서 시각화는 matplotlib 라이브러리를 많이 사용합니다.
표준이 잘 확립되어 있고 비교적 다양한 경우에도 잘 동작하는 라이브러리로 알려져 있습니다.

꺾은 선 그래프는 연속적으로 변화하는 데이터를 살펴보고자 할 때 유용합니다.
산점도는 2개의 연속형 변수 간의 관계(영향력)를 보기 위하여 직교 좌표의 x축과 y축에 관측점을 찍어서 만든 그래프입니다.

여러 가지 통계 데이터나 양(量)을 막대 모양의 길이로 나타낸 그래프를 말합니다.
막대 그래프는 데이터의 크고 작음을 한눈에 이해할 수 있기 때문에 일반적으로 가장 많이 사용되는 그래프입니다.

원(圓) 그래프(Pie chart)는 전체에 대한 각 부분의 비율을 부채꼴 모양으로 나타낸 그래프입니다.

상자 수염 그림은 다섯 숫자 요약으로 그린, 자료의 특성을 요약하는 그래프입니다.
히스토그램은 특정 데이터의 빈도 수를 막대 모양으로 표시한 그래프입니다.
도수 분포표와 히스토그램은 가장 많이 사용되는 통계 분석 도구로써, 데이터의 특성/분포를 파악하는 역할을 합니다.

Chapter 04 한국 복지 패널 데이터

## Chapter. 05

자동차
데이터 셋

SUMMARY

이번 장에서는 ggplot2에서 제공하는 자동차 연비 관련 데이터 셋을 사용하여
그래프를 그려 보도록 하겠습니다.
seaborn 라이브러리를 사용하여, 산점도 그래프, 히스토그램 등을 그려 봅니다.

이번에 사용할 예시는 mpg 데이터 셋으로 ggplot2에서 제공하는 데이터 셋입니다.

5.1 자동차 데이터 셋 개요

mpg 데이터 셋은 ggplot2에서 제공하는 데이터 셋으로 1999년부터 2008년 사이의 가장 대중적인 모델 38개 자동차에 대한 연비 효율을 기록한 데이터 셋으로 전체 관측 234개와 11개의 변수로 구성되어 있습니다.

5.1.1 데이터 파일

데이터 셋의 컬럼 정보는 다음과 같습니다.

변수	설명	변수	설명
manufacturer	제조사	cyl	실린더의 수
model	모델	trans	변속기
displ	엔진 크기	drv	구동 방식을 의미합니다. 사륜(4), 전륜(f), 후륜(r)
year	연식	cty	gallon 당 도시 주행 마일 수
hwy	gallon 당 고속도로 주행 마일 수	-	-

(예제파일) seabornTest01.py, mpg.csv

| **STEP** 01 | 시각화 라이브러리 관련 파라미터들을 설정합니다.

```
import pandas as pd
import warnings
warnings.simplefilter(action='ignore', category=FutureWarning)
```

```
import matplotlib.pyplot as plt
plt.rc('font', family='Malgun Gothic')
plt.rcParams[ " font.size " ] = 12
plt.rcParams['xtick.labelsize'] = 12.
plt.rcParams['ytick.labelsize'] = 12.
plt.rcParams['axes.unicode_minus'] = False
```

| STEP 02 **|** 이미지 파일 저장을 위한 변수들을 다음과 같이 지정합니다.
filename 변수는 읽어 들일 파일 이름을 지정하는 변수입니다.

```
CHART_NAME = 'seabornTest'
cnt, PNG, UNDERBAR = 0, '.png', '_'
filename = './../data/mpg.csv'
```

| STEP 03 **|** 데이터 파일을 읽은 다음, 컬럼에 대한 색인 정보를 출력합니다.
'manufacturer' 컬럼부터 'class' 컬럼까지 총 11개의 컬럼으로 구성이 되어 있습니다.
전체 데이터의 앞 10행을 확인해 봅니다.

```
mpg = pd.read_csv(filename, encoding='utf-8')

print(mpg.columns)
Index(['manufacturer', 'model', 'displ', 'year', 'cyl', 'trans', 'drv', 'cty', 'hwy', 'fl', 'class'],
dtype='object')

print(mpg.head(10))

  manufacturer       model  displ  year  cyl  ... drv cty  hwy  fl    class
0         audi          a4    1.8  1999    4  ...   f  18   29   p  compact
1         audi          a4    1.8  1999    4  ...   f  21   29   p  compact
2         audi          a4    2.0  2008    4  ...   f  20   31   p  compact
3         audi          a4    2.0  2008    4  ...   f  21   30   p  compact
4         audi          a4    2.8  1999    6  ...   f  16   26   p  compact
5         audi          a4    2.8  1999    6  ...   f  18   26   p  compact
6         audi          a4    3.1  2008    6  ...   f  18   27   p  compact
7         audi  a4 quattro    1.8  1999    4  ...   4  18   26   p  compact
8         audi  a4 quattro    1.8  1999    4  ...   4  16   25   p  compact
9         audi  a4 quattro    2.0  2008    4  ...   4  20   28   p  compact
[10 rows x 11 columns]
```

| STEP 04 **|** describe( ) 함수는 요약된 통계 정보들을 간단히 보여 주는 역할을 합니다. 단, NaN 값은 배제됩니다. 정보별 샘플의 갯수, 평균, 표준 편차, 최소값, Quantile value (4분위수) 등등을 보여 줍니다.

describe( ) 함수는 Series에도 사용 가능합니다.

```
print(mpg.describe( ))

            displ         year         cyl         cty         hwy
count   234.000000   234.000000   234.000000   234.000000   234.000000
mean      3.471795  2003.500000     5.888889    16.858974    23.440171
std       1.291959     4.509646     1.611534     4.255946     5.954643
min       1.600000  1999.000000     4.000000     9.000000    12.000000
25%       2.400000  1999.000000     4.000000    14.000000    18.000000
50%       3.300000  2003.500000     6.000000    17.000000    24.000000
75%       4.600000  2008.000000     8.000000    19.000000    27.000000
max       7.000000  2008.000000     8.000000    35.000000    44.000000
```

| STEP 05 **|** 각 이미지 파일을 위하여 저장 동작을 수행해주는 함수입니다.

```
def FileSave( ):
    global cnt
    cnt += 1
    savefile = CHART_NAME + UNDERBAR + str(cnt).zfill(2) + PNG
    plt.savefig(savefile, dpi=400)
    print(savefile + ' 파일이 저장되었습니다.')
# end def FileSave( ):
```

설 명

관련 모든 변수는 미리 정의되어 있으므로, 매개 변수 없이 함수 호출을 하게 되면 순번대로 이미지 파일이 생성됩니다.

| STEP 06 **|** '엔진의 크기'에 대하여 살펴 보고자 합니다.

```
import seaborn as sns

displ = mpg['displ'] # Series

print('displ.unique( )')
print(displ.unique( ))

[1.8 2.  2.8 3.1 4.2 5.3 5.7 6.  6.2 7.  6.5 2.4 3.5 3.6 3.  3.3 3.8 4.
 3.7 3.9 4.7 5.2 5.9 4.6 5.4 5.  1.6 2.5 2.7 6.1 4.4 5.6 2.2 3.4 1.9]
```

```
import numpy as np
print(np.max(displ.unique( )))
7.0

print(np.min(displ.unique( )))
1.6
```

___설명___

seaborn 라이브러리를 이용하여 그래프를 그리기 위하여 해당 라이브러리를 import 합니다. '엔진의 크기'가 어떠한 값들을 가지고
있는지 확인하기 위하여 unique( ) 함수를 사용합니다.

| **STEP** 07 | rug의 사전적 의미는'작은 카펫같이 생긴 깔개'를 의미합니다.
그래프에서는 해당 변위에 보여 주는 작은 선분 정도로 이해하시면 될 듯 합니다.

다음 예제는 커널 밀도 그래프와 함께 러그(rug) 플롯을 같이 출력해주는 예시입니다.

```
ax = plt.subplots( )
sns.kdeplot(data=mpg, x="displ")
ax = sns.rugplot(data=mpg, x="displ")
ax.set_title('엔진 크기에 따른 Rug Plot/Kde 곡선')
ax.set_xlabel('엔진 크기')
ax.set_ylabel('값')
FileSave( )
```

___설명___

러그(rug) 플롯은 데이터 위치를 x축 위에 작은 선분(rug)으로 나타내어 실제 데이터들의 위치를 보여주는 함수입니다.

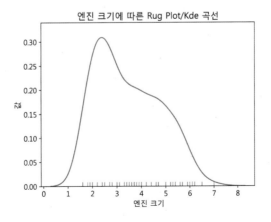

___설명___

연한 주황색으로 보이는 항목들이 rug입니다.

그래프를 보면 최소 값 1.6부터, 최대 값 7.0까지 해당 하는 값에 작은 선분이 그려져 있습니다.

위의 예시에서 np.max(displ.unique( ))의 결과 값과 np.min(displ.unique( ))의 결과와 동일한 값을 보여 주고 있습니다.

파란 색은 kde에 대한 그래프를 보여 줍니다.

5.1.2 산점도와 Rug Plot(scatterplot)

scatterplot 함수는 산점도를 그려 주는 함수입니다.

매개 변수

항목	설명
x, y	산점도의 x축, y축에 놓여질 데이터를 의미합니다.
data	사용하고자 하는 데이터 셋을 지정합니다.
hue	다른 색상을 지정하기 위한 grouping 개념입니다. 지정한 항목별, 서로 다른 색상으로 그래프를 그려 줍니다.
style	그려질 모양을 구분하기 위하여 사용합니다.
s	marker size를 지정합니다.

| STEP 01 **|** mpg 데이터 셋을 이용하여 산점도를 그립니다

x축은 엔진의 크기('displ'), y축은 도시 주행 마일수('cty')를 이용하여 그래프를 그려 줍니다. 그리고, x축, y축 각각에 대한 rug를 그립니다.

```
ax = plt.subplots( )
sns.scatterplot(data=mpg, x='displ', y='cty')
ax = sns.rugplot(data=mpg, x='displ', y='cty')
ax.set_title('산점도와 Rug Plot')
ax.set_xlabel('엔진 크기')
ax.set_ylabel('주행 마일수')
FileSave( )
```

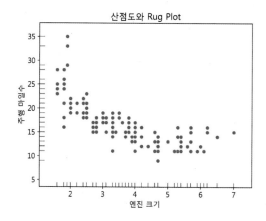

5.1.3 엔진 크기 히스토그램(histplot)

histplot 함수는 히스토그램을 그려 주는 함수입니다.

매개 변수

항목	설명
data	그리고자 하는 데이터 셋을 지정합니다.
x	히스토그램을 그릴 데이터 컬럼입니다.
kde	True이면 커널 밀도 그래프를 동시에 보여 줍니다.
bins	x축에 보여지는 계급의 개수를 지정합니다.

| STEP 01 | 커널 밀도 곡선과 함께 히스토그램을 그려 줍니다.

```
ax = plt.subplots( )
ax = sns.histplot(data=mpg, x='displ', kde=True, bins=30)
ax.set_title('엔진 크기 히스토그램')
ax.set_xlabel('엔진 크기')
ax.set_ylabel('')
FileSave( )
```

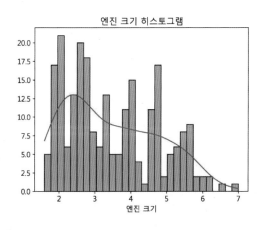

| STEP 02 **|** unique( ) 함수는 구동 방식의 유형에 대하여 확인해줍니다.
각 구동 방식에 대한 한글 표현으로 사전 label_dict를 만듭니다.
이 사전과 apply( ) 함수를 이용하여 'drv' 컬럼을 한글 이름으로 변경합니다.

```
print( " mpg['drv'].unique( ) " )
print(mpg['drv'].unique( ))
['f' '4' 'r']

label_dict = {'f':'전륜 구동', '4':'사륜 구동', 'r':'후륜 구동'}

def setLabel(x):
    return label_dict[x]

idx = 0 # 색상 구분을 위한 카운터 변수
mpg['drv'] = mpg['drv'].apply(setLabel)

print('구동 방식별 갯수')
result = mpg.groupby('drv')['drv'].count( )
print(result)
구동 방식별 갯수
drv
사륜 구동    103
전륜 구동    106
후륜 구동     25
Name: drv, dtype: int64
```

| STEP 03 **|** 출력 결과를 보면 '사륜 구동'이 103개, '전륜 구동'이 106개, '후륜 구동'이
25개 임을 알 수 있습니다.
countplot( ) 함수를 사용하여 범주형 데이터인 구동 방식을 막대 그래프를 그려 줍니다.

이 명령을 사용하면 각 카테고리 값 별로 데이터가 얼마나 있는지 표시할 수 있으며, 해
당 column을 구성하고 있는 value들을 구분하여 보여줍니다.

```
plt.figure( )
ax = sns.countplot(x=" drv ", data=mpg)
ax.set_title('구동 방식별 개수')
ax.set_xlabel('구동 방식')
ax.set_ylabel('')
FileSave( )
```

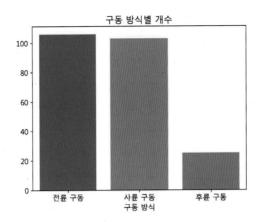

| STEP 04 **|** 실린더의 개수를 파악합니다.

```
print( " mpg['cyl'].unique( ) " )

print(mpg['cyl'].unique( ))
[4 6 8 5]

print('실린더 개수')
result = mpg.groupby('cyl')['cyl'].count( )
print(result)
실린더 개수
cyl
4    81
5     4
6    79
8    70
Name: cyl, dtype: int64
```

<hr>

> **설 명**

개수는 [4 6 8 5]의 값을 가지고 있습니다.

각 실린더 수를 가지고 있는 집계 데이터를 우선 확인해 보도록 합니다.

4개의 실린더를 가지고 있는 데이터의 개수는 81개입니다.

5개의 실린더를 가지고 있는 데이터의 개수는 4로 가장 적은 값을 가지고 있습니다.

```
plt.figure( )
ax = sns.countplot(x="cyl", data=mpg)
ax.set_title('실린더수에 따른 countplot')
ax.set_xlabel('실린더 수')
ax.set_ylabel('')
FileSave( )
```

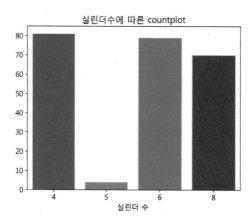

│STEP 06 **│** 엔진 크기와 주행 마일수에 대한 산점도와 히스토그램을 동시에 그려 줍니다.

```
plt.figure( )
ax = sns.jointplot(x="displ", y='hwy', data=mpg)
FileSave( )
```

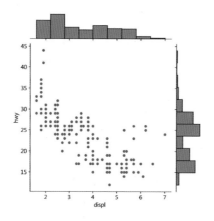

| STEP 07 **|** kind 매개 변수는 차트의 종류를 지정하는 옵션입니다.
kde를 사용하면 데이터의 밀집도를 보다 부드러운 선으로 확인할 수 있습니다.

```
plt.figure( )
ax = sns.jointplot(x="displ", y='hwy', data=mpg, kind="kde")
FileSave( )
```

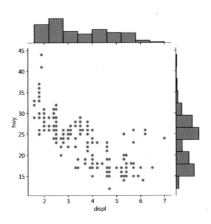

| STEP 07 **|** pairplot 함수를 이용하여 그래프를 그리기 위하여 필요한 컬럼만 추출합니다. 이 함수는 숫자형 column에 대해서만 가능합니다. 따라서, 엔진의 크기('displ'), 실린더의 수('cyl'), 도시 주행 마일수('cty'), 고속도로 주행 마일수('hwy') 컬럼만 별도로 추출하여 그려 보도록 하겠습니다.

```
plt.figure( )
newmpg = mpg.loc[:, ['displ', 'cyl', 'cty', 'hwy']]
ax = sns.pairplot(data=newmpg)
FileSave( )
```

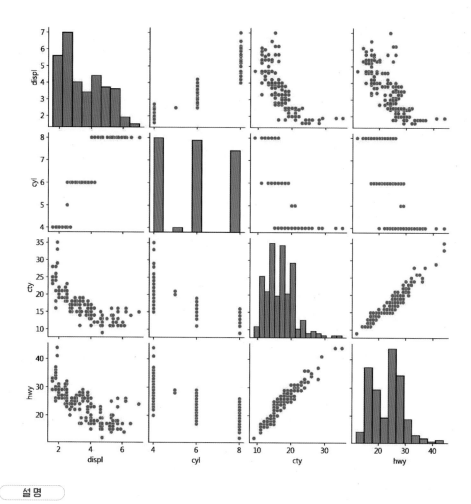

설 명

단순히 data 매개 변수만 사용하는 경우 동일한 데이터가 만나는 대각선 영역에는 해당 데이터의 히스토그램을 그려 줍니다.
서로 다른 데이터가 만나는 곳에는 산점도 그래프를 그려 줍니다.

| STEP 08 **|** hue="cyl" 매개 변수는 특성을 구분할 컬럼을 지정하는 옵션인데, '실린더의 수'를 이용하여 구분하고 있습니다.

markers 매개 변수는 표시할 도형의 모양을 지정하는 옵션입니다.

```
plt.figure( )
ax = sns.pairplot(data=newmpg, hue="cyl", markers=["o", "s", "D", "p"])
FileSave( )
```

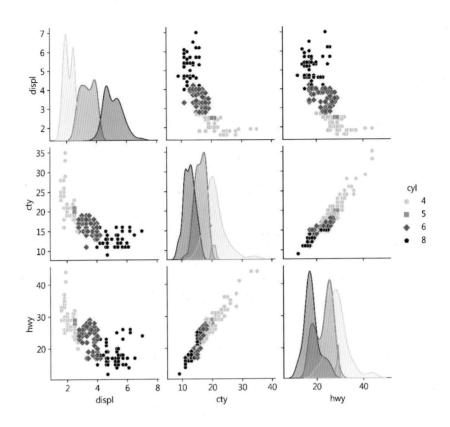

| STEP 09 **|** 행 방향으로 구동 방식(drv)을, 열 방향으로 실린더의 수(cyl), 적용할 함수는 개수(size)를 지정합니다. 비어 있거나, NA 값이라면 0으로 채워 주도록 합니다.

```
mpg_size = mpg.pivot_table(
    index="drv", columns="cyl", aggfunc="size", fill_value=0)
print('mpg_size')
print(mpg_size)
mpg_size
cyl    4  5   6   8
drv
사륜 구동  23  0  32  48
전륜 구동  58  4  43   1
후륜 구동   0  0   4  21
```

설 명

출력 결과를 보면 실린더의 수가 4개이고, 사륜 구동인 개수는 23개입니다.

| STEP 10 **|** 결과 데이터 mpg_size에 대하여 heatmap 명령을 사용합니다.

```
plt.figure( )
ax = sns.heatmap(mpg_size, annot=True, fmt="d")
ax.set_title('Heatmap 그리기')
ax.set_xlabel('실린더의 수')
ax.set_ylabel('구동 방식')
FileSave( )
```

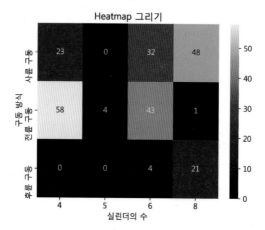

┌─ 설 명 ─┐

heatmap 함수는 데이터가 2차원이고 모든 값이 카테고리의 값으로 구성되어 있는 경우에 유용하게 사용됩니다.
heapmap는 색상으로 표현할 수 있는 다양한 정보를 일정한 이미지 위에 표 형태로 출력해 줍니다.
annot 매개 변수의 값이 True이면 cell에 해당하는 수치 값을 보여 줍니다.

| STEP 11 **|** barplot 함수를 사용하여 막대 그래프를 그려봅니다.
구동 방식("drv")에 대한 주행 마일수('hwy')를 막대 그래프로 그리고, 에러 바의 너비는
0으로 지정합니다.

```
plt.figure( )
ax = sns.barplot(x="drv", y='hwy', data=mpg, errwidth=0)
ax.set_title('구동 방식에 따른 주행 마일수(barplot))')
ax.set_xlabel('구동 방식')
ax.set_ylabel('주행 마일수')
FileSave( )
```

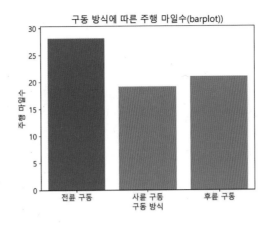

| STEP 12 **|** 위와 동일한 데이터에 대하여 hue 매개 변수를 사용하여 실린더의 수(cyl)를 이용하여 특성을 구분합니다.

```
plt.figure( )
ax = sns.barplot(x='drv', y='hwy', hue='cyl', data=mpg, errwidth=0)
ax.set_title(" 구동 방식에 따른 주행 마일수(hue='cyl')) ")
ax.set_xlabel('구동 방식')
ax.set_ylabel('주행 마일수')
FileSave( )
```

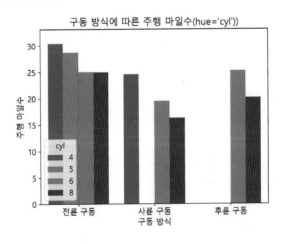

| STEP 13 **|** 구동 방식에 따른 간략한 통계 정보를 출력해봅니다.

```
print('구동 방식에 따른 주행 마일수의 통계치 정보')
mygrouping = mpg.groupby('drv')['hwy']
print(mygrouping.describe( ))

구동 방식에 따른 주행 마일수의 통계치 정보
         count       mean       std    min   25%   50%   75%   max
drv
사륜 구동  103.0  19.174757  4.078704  12.0  17.0  18.0  22.0  28.0
전륜 구동  106.0  28.160377  4.206881  17.0  26.0  28.0  29.0  44.0
후륜 구동   25.0  21.000000  3.662877  15.0  17.0  21.0  24.0  26.0
```

설명

출력 결과를 살펴 보면 사륜 구동 방식은 평균 값이 19.174757이고, 최대 값은 28.0입니다.

| STEP 14 **|** 구한 통계치 정보를 이용하여 구동 방식에 따른 주행 마일수에 대하여 상자 수염 그래프를 그려 보도록 합니다.

```
plt.figure( )
ax = sns.boxplot(x='drv', y='hwy', data=mpg)
ax.set_title('구동 방식에 따른 주행 마일수(boxplot)')
ax.set_xlabel('구동 방식')
ax.set_ylabel('주행 마일수')
FileSave( )
```

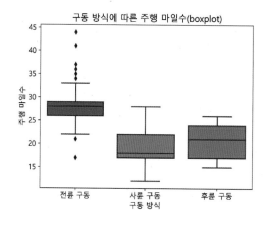

| STEP 15 **|** 구동 방식에 따른 주행 마일수에 대하여 상자 수염 그래프를 그리되, 실린더의 수에 따라서 상자 수염 그래프를 별도로 그려 봅니다.

```
plt.figure( )
ax = sns.boxplot(x='drv', y='hwy', hue='cyl', data=mpg)
ax.set_title('구동 방식에 따른 주행 마일수(boxplot)')
ax.set_xlabel('구동 방식')
ax.set_ylabel('주행 마일수')
FileSave( )
```

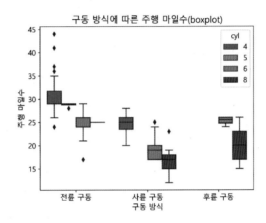

| STEP 16 **|** 이번에는 바이올린 그래프를 그려 보도록 합니다.

```
plt.figure( )
ax = sns.violinplot(x='drv', y='hwy', data=mpg)
ax.set_title('구동 방식에 따른 주행 마일수(violinplot)')
ax.set_xlabel('구동 방식')
ax.set_ylabel('주행 마일수')
FileSave( )
```

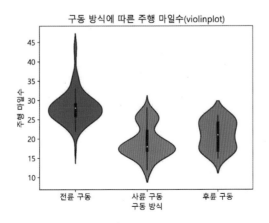

| STEP 17 **|** 동일한 데이터에 대하여 실린더의 수에 따른 바이올린 그래프를 별도로 그려 봅니다.

```
plt.figure( )
ax = sns.violinplot(x='drv', y='hwy', hue='cyl', data=mpg)
ax.set_title('구동 방식에 따른 주행 마일수(violinplot)')
ax.set_xlabel('구동 방식')
ax.set_ylabel('주행 마일수')
FileSave( )
```

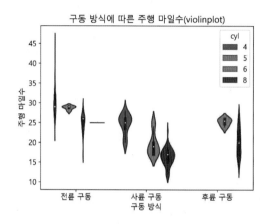

5.1.4 구동 방식에 따른 주행 마일수(stripplot)

stripplot 함수는 일변량 데이터 셋에 대하여 간략히 요약을 해놓은 그래프입니다.
일반적으로 주로 작은 데이터 셋을 다루는 용도로 사용이 되며, box 또는 violin 그래프의 보충적인 그래프로 사용됩니다.
큰 데이터 셋은 주로 histogram이나 density 그래프를 많이 사용합니다.

매개 변수

항목	설명
x, y	x축, y축에 놓여질 데이터를 의미합니다.
data	플로팅을 위한 데이터 셋을 의미합니다.
hue	특성을 구분할 컬럼을 지정합니다.
dodge	hue 매개 변수 사용시, dodge 매개 변수의 값이 True이면 범주형 데이터 축을 따라서 strips 데이터들을 분리해줍니다.

항목	설명
jitter	True이면 데이터의 개수가 많을 경우, 겹치지 않도록 하여 데이터 분포를 이해하는 데 도움을 줍니다.
size	마커의 크기를 지정하는 옵션입니다.

| STEP 01 | 구동 방식에 따른 주행 마일 수를 이용하여 stripplot 그래프를 그립니다.

```
STRIP_SIZE = 3

plt.figure( )
ax = sns.stripplot(x='drv', y='hwy', data=mpg, jitter=True, size=STRIP_SIZE)
ax.set_title('구동 방식에 따른 주행 마일수(stripplot)')
ax.set_xlabel('구동 방식')
ax.set_ylabel('주행 마일수')
FileSave( )
```

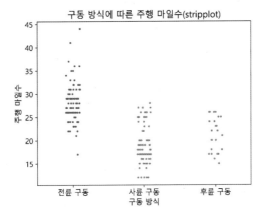

| STEP 02 | 매개 변수 hue='cyl'를 사용하여 실린더의 개수에 따른 색상을 서로 다르게 지정합니다.

```
plt.figure( )
ax = sns.stripplot(x='drv', y='hwy', hue='cyl', data=mpg, jitter=True, size=STRIP_SIZE)
ax.set_title('구동 방식에 따른 주행 마일수(stripplot)')
ax.set_xlabel('구동 방식')
ax.set_ylabel('주행 마일수')
plt.legend(loc=1)
FileSave( )
```

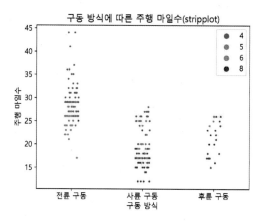

구동 방식에 따른 주행 마일수(stripplot)

STEP 03 | dodge=True이면 hue 매개 변수에 의하여 지정된 값들이 서로 분리되어 그려 집니다.

```
plt.figure( )
ax = sns.stripplot(x='drv', y='hwy', hue='cyl',
            data=mpg, jitter=True, dodge=True, size=STRIP_SIZE)
ax.set_title('stripplot(dodge=True)')
ax.set_xlabel('구동 방식')
ax.set_ylabel('주행 마일수')
FileSave( )
```

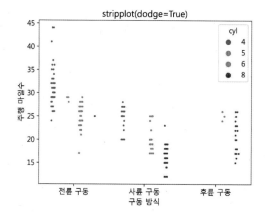

stripplot(dodge=True)

설명

'전륜 구동' 항목을 살펴 보면 실린더의 수에 따른 그래프가 따로 따로 떨어져서 그려진 것을 확인할 수 있습니다.

5.1.5 구동 방식에 따른 주행 마일수(swarmplot)

swarmplot 함수는 stripplot( ) 함수와 유사합니다.

하지만 점들이 보정(adjusted)되기 때문에 서로 겹쳐지지 않습니다.

이러한 기능은 값의 분포를 표현하는 데에는 좋지만, 큰 수의 관찰 값에는 양을 어림잡는
데는 좋지 않습니다.

이 plot은 생긴 모양으로 인하여 벌떼("beeswarm") 모양의 플롯이라고 합니다.

매개 변수는 stripplot( ) 함수와 거의 유사합니다.

| STEP 01 **|** 각 구동 방식에 따른 swarmplot 그래프를 그립니다.

```
plt.figure( )
ax = sns.swarmplot(x='drv', y='hwy', data=mpg)
ax.set_title('Swarm Plot')
ax.set_xlabel('구동 방식')
ax.set_ylabel('주행 마일수')
FileSave( )
```

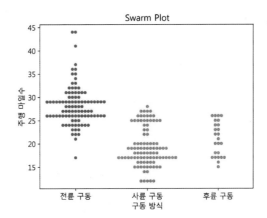

| STEP 02 **|** 각 구동 방식에 따른 swarmplot 그래프를 그리되, 실린더의 개수
(hue='cyl')에 따라서 서로 색상을 다르게 그려 줍니다.

```
plt.figure( )
ax = sns.swarmplot(x='drv', y='hwy', hue='cyl', data=mpg)
ax.set_title( " Swarm Plot(hue='cyl') " )
ax.set_xlabel('구동 방식')
ax.set_ylabel('주행 마일수')
plt.legend(loc=1)
FileSave( )
```

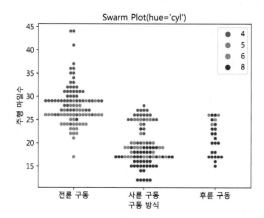

| STEP 03 **|** 매개 변수 dodge=True를 사용하여 실린더의 개수별로 별도의 데이터로 분리해서 그립니다.

```
plt.figure( )
ax = sns.swarmplot(x='drv', y='hwy', hue='cyl', data=mpg, dodge=True)
ax.set_title( " Swarm Plot(dodge=True) " )
ax.set_xlabel('구동 방식')
ax.set_ylabel('주행 마일수')
FileSave( )
```

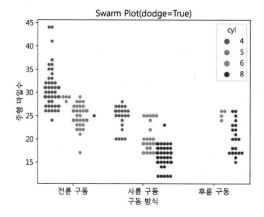

설 명

그래프의 결과를 보면 예를 들어서, '후륜 구동'은 실린더의 개수 6개와 8개만 있음을 확인할 수 있습니다.

| STEP 04 **|** 상자 수염 그래프와 stripplot의 혼합하여 그래프를 그려 봅니다.

```
import numpy as np
plt.figure( )
sns.boxplot(x='displ', y='drv', data=mpg, whis=np.inf)
ax = sns.stripplot(x='displ', y='drv', data=mpg, jitter=True, color="0.4")
ax.set_title("Boxplot과 Strip Plot로 표현")
ax.set_xlabel('엔진 크기')
ax.set_ylabel('구동 방식')
FileSave( )
```

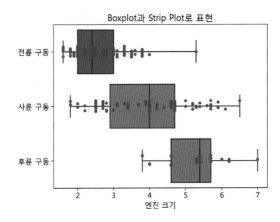

| STEP 05 **|** 바이올린 그래프와 swarmplot을 혼합하여 그려 봅니다.

```
plt.figure( )
sns.violinplot(x='drv', y='hwy', data=mpg, inner=None)
ax = sns.swarmplot(x='drv', y='hwy', data=mpg, color="0.9")
ax.set_title("Violin plot과 Swarm Plot로 표현")
ax.set_xlabel('구동 방식')
ax.set_ylabel('엔진 크기')
FileSave( )
```

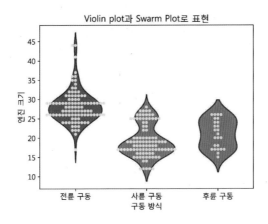

| STEP 06 **|** set_style(style=None) 함수는 미적인 감각을 추가하기 위한 스타일을 지정하는 함수입니다. 매개 변수 style은 미리 만들어 놓은 파라미터 셋을 저장한 python 사전 구조를 말합니다.

3가지 유형의 스타일을 이용하여 각각 삼각 함수 중 싸인 그래프를 그려 보도록 합니다.

```python
def sine_plot(mytitle):
    plt.figure( )
    plt.rc('font', family='Malgun Gothic')
    x = np.linspace(0, 14, 100)
    for i in range(1, 7):
        plt.plot(x, np.sin(x + i * .5) * (7 - i))
    plt.title('스타일 : ' + mytitle)
    FileSave( )

styles = [ "ticks", "darkgrid", "whitegrid" ]
for one in styles:
    sns.set_style(one)
    sine_plot(one)
```

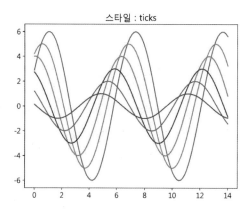

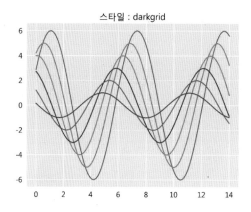

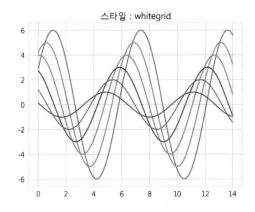

스타일 : whitegrid

함수 sine_plot( )는 스타일의 이름을 입력 받아서, 각각 sine 그래프를 그려 주는 역할을 합니다.

```
print('finished')
```

연습 문제 ① 다음과 같은 그래프를 그려 보세요.

예제 파일 seabornTest01_exam.py, tips.csv

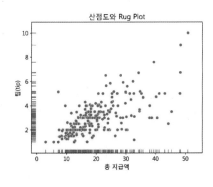

산점도와 Rug Plot(총 지급액 vs 팁(tip))

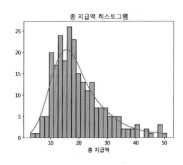

총 지급액에 대한 히스토그램

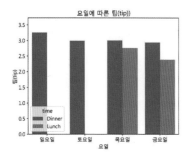

요일에 따른 팁(tip))

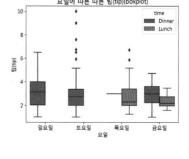

요일에 따른 따른 팁(상자 수염 그래프)

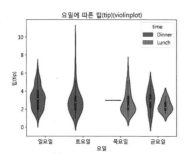

요일에 따른 팁(바이올린 그래프)

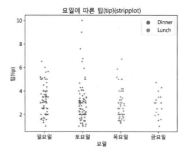

요일에 따른 팁(stripplot)

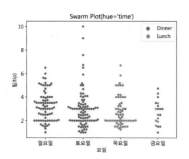

요일에 따른 팁(Swarm Plot)

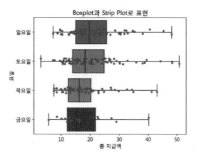

Boxplot과 Strip Plot 동시에 그리기

요 약

mpg 데이터 셋은 ggplot2에서 제공하는 데이터 셋으로 1999년부터 2008년 사이의 가장 대중적인 모델 38개 자동차에 대한 연비 효율을 기록한 데이터 셋으로 전체 관측 234개와 11개의 변수로 구성되어 있습니다.

scatterplot 함수는 산점도를 그려 주는 함수입니다.

histplot 함수는 히스토그램을 그려 주는 함수입니다.

stripplot 함수는 일변량 데이터 셋에 대하여 간략히 요약을 해놓은 그래프입니다. swarmplot 함수는 stripplot( ) 함수와 유사하나, 하지만 점들이 보정(adjusted)되기 때문에 서로 겹쳐지지 않습니다.

| Chapter 05 자동차 데이터 셋

Chapter. 06
특별한
그래프

SUMMARY

이번 장에서는 특별한 형태의 그래프들을 그려 보도록 하겠습니다.
성적이 향상되었는지 중간 고사와 기말 고사의 점수를 이용하여 경사 그래프를
그려 봅니다.
범주형 데이터에 대한 그래프 그리기, 확률 밀도를 이용한 그래프, 롤리 팝 그래프,
정렬된 막대 그래프, 트리맵, stem plot 등을 그려 보도록 하겠습니다.

6.1 개요

이번 장에서는 일반적으로 자주 사용되는 그래프는 아니지만, 요긴하게 사용해 볼 수 있는 몇 가지 특별한 그래프에 대하여 살펴 보도록 합니다.

6.1.1 성적표 향상 그래프(경사 그래프)

중간 고사와 기말 고사 시험 점수에 대한 향상 폭을 경사진 그래프로 그려 봅니다.

예제 파일 slopeChart.py, 성적.csv

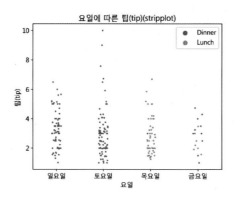

| STEP 01 **|** 관련 라이브러리 및 변수들을 정의합니다.

```python
import pandas as pd
import matplotlib.pyplot as plt

plt.rc('font', family='Malgun Gothic')
cnt, PNG, UNDERBAR = 0, '.png', '_'
CHART_NAME = 'slopeChart'
filename = './../data/성적.csv'
plt.rcParams['axes.unicode_minus'] = False
```

| STEP 02 **|** 엑셀 파일을 읽고, 이미지를 그리기 위한 Figure 객체와 Axes 객체를 생성합니다.

```
df = pd.read_csv(filename, encoding='cp949')

fig, ax = plt.subplots(1, 1, figsize=(14, 14), dpi= 80)


HUNDRED = 80 # 만점 점수
MIN_HEIGHT = 30
MAX_HEIGHT = HUNDRED + 5
```

> **설명**

그래프를 그리기 위한 축의 상한값과 하한값 관련 변수를 정의합니다.

| STEP 03 **|** 중간 고사 점수와 기말 고사 점수에 대한 가이드 라인 성격을 하는 수직선을 그려 줍니다. 수직선 위에 각 시험 점수들에 대한 점을 그려 줍니다.

```
# 수직선 그리기
ax.vlines(x=1, ymin=MIN_HEIGHT, ymax=MAX_HEIGHT, color='black', alpha=0.7, linewidth=1,
linestyles='dotted')
ax.vlines(x=3, ymin=MIN_HEIGHT, ymax=MAX_HEIGHT, color='black', alpha=0.7, linewidth=1,
linestyles='dotted')

import numpy as np

ax.scatter(y=df['midexam'], x=np.repeat(1, df.shape[0]), s=10, color='black', alpha=0.7)
ax.scatter(y=df['finalexam'], x=np.repeat(3, df.shape[0]), s=10, color='black', alpha=0.7)
```

| STEP 04 **|** 각 시험 점수에 표시할 문자열을 다음과 같이 설정합니다.
학생들의 이름과 소괄호 및 시험 점수를 조합하여 문자열을 생성합니다.

```
# Line Segmentsand Annotation
idx = 0

left_label = [str(c) + '(' + str(round(y.)) + '점)' for c, y in zip(df.name, df['midexam'])]
print('left_label')
print(left_label)
left_label
['이순신(60점)', '김유신(65점)', '신사임당(45점)', '윤봉길(70점)', '이봉창(75점)']

right_label = [str(c) + '(' + str(round(y)) + '점)' for c, y in zip(df.name, df['finalexam'])]
```

| STEP 05 **|** 중간 고사와 기말 고사간의 연결선을 그려 주는 함수 newline을 정의합니다. 반복문을 사용하여 연결선을 그리는데, 성적이 향상되면 녹색으로, 그렇지 않으면 빨간 색상으로 그립니다. 각 시험 점수들에 대한 설명 문구(caption)를 작성합니다.

```python
import matplotlib.lines as mlines

# 중간 고사와 기말 고사간의 연결선을 그려 주는 함수
def newline(p1, p2):
    ax = plt.gca( )
    l = mlines.Line2D([p1[0], p2[0]], [p1[1], p2[1]], color='red' if p1[1]-p2[1] > 0 else
'green', marker='o', markersize=6)
    ax.add_line(l)
    return l

for p1, p2 in zip(df['midexam'], df['finalexam']):
    newline([1, p1], [3, p2]) # 연결선을 그려 주고
    # 선들에 대한 caption 작성하기
    ax.text(1-0.05, p1, left_label[idx], horizontalalignment='right', verticalalignment=
'center', fontdict={'size':14})
    ax.text(3+0.05, p2, right_label[idx], horizontalalignment='left', verticalalignment=
'center', fontdict={'size':14})
    idx = idx + 1
```

| STEP 06 **|** 그래프의 상단에 '중간'과 '기말'이라는 설명 문구(Annotations)를 작성합니다.

```python
ax.text(1-0.05, HUNDRED + 5, '중간', horizontalalignment='right', verticalalignment='center',
fontdict={'size':18, 'weight':700})
ax.text(3+0.05, HUNDRED + 5, '기말', horizontalalignment='left', verticalalignment='center',
fontdict={'size':18, 'weight':700})
```

| STEP 07 **|** 그래프 창의 제목과 x축과 y축의 상하한 선을 설정합니다. 또한, x축에 놓이는 ticks를 설정합니다.

```python
ax.set_title('학생들의 시험 성적', fontdict={'size':22})
ax.set(xlim=(0,4), ylim=(MIN_HEIGHT, MAX_HEIGHT), ylabel='시험 점수')

# 하단의 x축에 대한 ticks 작성
ax.set_xticks([1, 3])
ax.set_xticklabels(['중간 고사', '기말 고사'])
# plt.yticks(np.arange(500, 13000, 2000), fontsize=12)
```

| STEP 08 **|** 그래프 영역의 테두리에 놓이는 선(borders)들을 없앱니다.

```
plt.gca( ).spines[ " top " ].set_alpha(.0)
plt.gca( ).spines[ " bottom " ].set_alpha(.0)
plt.gca( ).spines[ " right " ].set_alpha(.0)
plt.gca( ).spines[ " left " ].set_alpha(.0)
```

| STEP 09 **|** 이미지 파일로 저장합니다.

```
cnt += 1
savefile = CHART_NAME + UNDERBAR + str(cnt).zfill(2) + PNG
plt.savefig(savefile, dpi=400)
print(savefile + ' 파일이 저장되었습니다.')
```

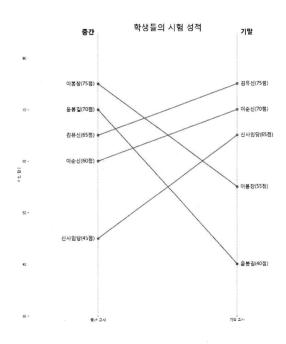

6.1.2 리본 박스 그래프

> **예제 파일**   ribbonBox.py, 주요발생국가주간동향(4월2째주).csv

| STEP 01 **|** 이번 예시에서는 4월 2째주 한국의 코로나 발생 현황 데이터를 사용하여 리본 박스 그래프를 그려 보도록 합니다. 관련된 라이브러리를 import 시킵니다.

```
import numpy as np
import pandas as pd

from matplotlib import cbook, colors as mcolors
from matplotlib.image import AxesImage
import matplotlib.pyplot as plt
from matplotlib.transforms import Bbox, TransformedBbox, BboxTransformTo
```

| STEP 02 | 관련 설정 및 변수들을 선언합니다.

```
plt.rc('font', family='Malgun Gothic')
cnt, PNG, UNDERBAR = 0, '.png', '_'
CHART_NAME = 'ribbonBox'
filename = './../data/주요발생국가주간동향(4월2째주).csv'
```

| STEP 03 | 리본 박스를 만들어 주는 클래스 입니다.

```
class RibbonBox:
    original_image = plt.imread(
        cbook.get_sample_data("Minduka_Present_Blue_Pack.png"))
    cut_location = 70
    b_and_h = original_image[:, :, 2:3]
    color = original_image[:, :, 2:3] - original_image[:, :, 0:1]
    alpha = original_image[:, :, 3:4]
    nx = original_image.shape[1]

    def __init__(self, color):
        rgb = mcolors.to_rgba(color)[:3]
        self.im = np.dstack(
            [self.b_and_h - self.color * (1 - np.array(rgb)), self.alpha])

    def get_stretched_image(self, stretch_factor):
        stretch_factor = max(stretch_factor, 1)
        ny, nx, nch = self.im.shape
        ny2 = int(ny*stretch_factor)
        return np.vstack(
            [self.im[:self.cut_location],
             np.broadcast_to(
                 self.im[self.cut_location], (ny2 - ny, nx, nch)),
             self.im[self.cut_location:]])
# end class RibbonBox:
```

| STEP 04 | 리본 박스 관련 이미지를 만들어 주는 클래스입니다.

```python
class RibbonBoxImage(AxesImage):
    zorder = 1

    def __init__(self, ax, bbox, color, *, extent=(0, 1, 0, 1), **kwargs):
        super( ).__init__(ax, extent=extent, **kwargs)
        self._bbox = bbox
        self._ribbonbox = RibbonBox(color)
        self.set_transform(BboxTransformTo(bbox))

    def draw(self, renderer, *args, **kwargs):
        stretch_factor = self._bbox.height / self._bbox.width

        ny = int(stretch_factor*self._ribbonbox.nx)
        if self.get_array( ) is None or self.get_array( ).shape[0] != ny:
            arr = self._ribbonbox.get_stretched_image(stretch_factor)
            self.set_array(arr)

        super( ).draw(renderer, *args, **kwargs)
# end class RibbonBoxImage(AxesImage):
```

| STEP 05 | 엑셀 파일을 읽어 와서, 한국 데이터만 별도록 추출합니다.
색상 및 데이터 등을 설정한 다음 리본 박스 형태의 그래프를 그려 줍니다.

```python
def main( ):
    fig, ax = plt.subplots( )

    data = pd.read_csv(filename, index_col='국가')

    koreadata = data.loc['한국', '4월06일':'4월10일']
    print('koreadata.index')
    print(koreadata.index)

    chartdata = [koreadata[item] for item in koreadata.index]
    print('chartdata')
    print(chartdata) # 그리고자 하는 데이터

    xdata = np.arange(0, len(chartdata))
    print('xdata')
    print(xdata)
    box_colors = [
        (0.8, 0.2, 0.2),
        (0.2, 0.8, 0.2),
        (0.2, 0.2, 0.8),
        (0.7, 0.5, 0.8),
        (0.3, 0.8, 0.7),
```

```
    for x, h, bc in zip(xdata, chartdata, box_colors):
        bbox0 = Bbox.from_extents(x - 0.4, 0., x + 0.4, h)
        bbox = TransformedBbox(bbox0, ax.transData)
        # 리본 이미지 넣기
        ax.add_artist(RibbonBoxImage(ax, bbox, bc, interpolation="bicubic"))
        # 상단의 수치 데이터를 콤마 유형으로 표시
        ax.annotate('%s' % format(h,','), (x, h), va="bottom", ha="center")

    ax.set_xlim(xdata[0] - 0.5, xdata[-1] + 0.5)
    ax.set_ylim(0, 12000)

    myxticks = [item for item in koreadata.index]
    ax.set_xticks(xdata)
    ax.set_xticklabels(myxticks) # x축에 놓을 문자열
    ax.set_title('한국 코로나 발생 현황(Ribbon Box)')

    # 배경 색상을 지정합니다.
    background_gradient = np.zeros((2, 2, 4))
    background_gradient[:, :, :3] = [1, 1, 0]
    background_gradient[:, :, 3] = [[0.1, 0.3], [0.3, 0.5]]  # alpha channel
    ax.imshow(background_gradient, interpolation="bicubic", zorder=0.1,
            extent=(0, 1, 0, 1), transform=ax.transAxes, aspect="auto")

    global cnt
    cnt += 1
    savefile = CHART_NAME + UNDERBAR + str(cnt).zfill(2) + PNG
    plt.savefig(savefile, dpi=400)
    print(savefile + ' 파일이 저장되었습니다.')

    print('finished')
# end main( )

main( )
```

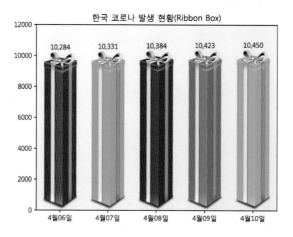

6.1.3 범주형 플로팅

| STEP 01 **|** 성별로 데이터를 나눈 다음 결혼 유무에 따른 범주형 데이터에 대한 그래프를 그려 봅니다. 관련 라이브러리 및 변수들을 선언합니다.

```python
import seaborn as sns
import pandas as pd
import matplotlib.pyplot as plt

plt.rc('font', family='Malgun Gothic')
cnt, PNG, UNDERBAR = 0, '.png', '_'
CHART_NAME = 'SpecialPlot'
filename = './../data/welfareClean.csv'
plt.rcParams['axes.unicode_minus'] = False
```

| STEP 02 **|** 엑셀 파일을 읽어 와서, 컬럼 정보를 확인합니다. '성별' 컬럼부터 '연령대' 컬럼까지의 자료로 구성되어 있습니다.

```python
welfare = pd.read_csv(filename, encoding='cp949')

print(welfare.columns)
Index(['성별', '생일', '결혼 유무', '종교 유무', '직업 코드', '소득', '지역구', '나이', '직업', '연령대'], dtype='object')

print(welfare.head( ))

    성별  생일  결혼유무 종교유무 직업코드    소득    지역구 나이      직업        연령대
0  남성  1948  무응답   없음   942.0  120.0  서울  73  경비원 및 검표원   노년
1  남성  1945  이혼    없음   942.0  220.2  서울  76  경비원 및 검표원   노년
2  남성  1946  결혼    없음   942.0  139.0  서울  75  경비원 및 검표원   노년
3  남성  1953  결혼    없음   942.0  150.0  서울  68  경비원 및 검표원   노년
4  남성  1960  결혼    있음   942.0  166.0  서울  61  경비원 및 검표원   노년
```

| STEP 03 **|** catplot 함수를 사용하여 범주에 따른 그래프를 그려 봅니다.

```python
print('범주형 플로팅')
fig = plt.figure(figsize=(16, 10), dpi= 80)
```

```
sns.catplot('성별', col='결혼 유무', col_wrap=3,
            data=welfare, kind=" count ", height=3.5,
            aspect=.8, palette='tab20')

fig.suptitle('제목')

cnt += 1
savefile = CHART_NAME + UNDERBAR + str(cnt).zfill(2) + PNG
plt.savefig(savefile, dpi=400)
print(savefile + ' 파일이 저장되었습니다.')
```

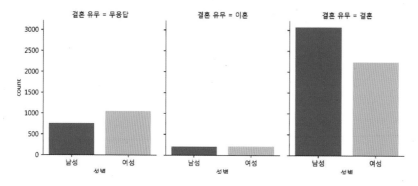

6.1.4 Density Plotting

│ STEP 01 **│** '결혼 유무'에 따라서 항목별 밀도 곡선을 그려 보도록 합니다.

```
print('Density Plotting')

print(" welfare['결혼 유무'].unique( ) ")
print(welfare['결혼 유무'].unique( ))
['무응답' '이혼' '결혼']
```

│ STEP 02 **│** 변수 MY_ALPHA는 그림에 대한 불투명도를 위한 변수입니다.
loc 속성과 == 연산자를 사용하여 '결혼 유무'에 대한 3가지 유형의 밀도 곡선 그래프를
각각 그립니다. 해당 결과물을 이미지 파일로 저장합니다.

```
plt.figure(figsize=(16,10), dpi= 80)

MY_ALPHA = 0.6
sns.kdeplot(welfare.loc[welfare['결혼 유무'] == '무응답', '나이'], shade=True, color="r",
label="무응답", alpha=MY_ALPHA)
sns.kdeplot(welfare.loc[welfare['결혼 유무'] == '이혼', '나이'], shade=True, color="g",
label="이혼", alpha=MY_ALPHA)
sns.kdeplot(welfare.loc[welfare['결혼 유무'] == '결혼', '나이'], shade=True, color="b",
label="결혼", alpha=MY_ALPHA)

plt.title('결혼 유무에 따른 나이의 밀도 곡선', fontsize=22)
plt.legend( )

cnt += 1
savefile = CHART_NAME + UNDERBAR + str(cnt).zfill(2) + PNG
plt.savefig(savefile, dpi=400)
print(savefile + ' 파일이 저장되었습니다.')
```

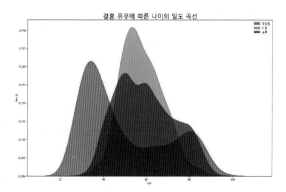

6.1.5 Lollipop Chart

| STEP 01 **|** lollipop chart는 막대 그래프와 원 그래프의 복합형 그래프입니다.
막대는 변위를 나타내고, 끝에 원을 그려서 해당 데이터를 부각시킵니다.
막대 그래프처럼, lollipop chart는 범주형 데이터 비교에 유용하게 사용됩니다.

```
print('Lollipop Chart')

df = welfare[['소득', '지역구']].groupby('지역구').apply(lambda x: x.mean( ))
df.sort_values('소득', inplace=True)
df.reset_index(inplace=True)
```

```
print('df')
print(df)
df
        지역구              소득
0       강원/충북         223.891567
1       대구/경북         231.576204
2  광주/전남/전북/제주도       234.901742
3       수도권           239.692953
4       서울            249.303028
5     부산/경남/울산        252.195152
6      대전/충남          256.433851
```

| STEP 02 **|** 수직선 및 상단의 원을 그린 다음 제목 및 레이블, ticks, y축의 상하한 값 등을 지정합니다.

```
# Draw plot
fig, ax = plt.subplots(figsize=(16,10), dpi= 80)

# 수직선
ax.vlines(x=df.index, ymin=0, ymax=df.소득, color='firebrick', alpha=0.7, linewidth=2)

# 상단의 점
ax.scatter(x=df.index, y=df.소득, s=75, color='firebrick', alpha=0.7)

# Title, Label, Ticks and Ylim
ax.set_title('지역구를 위한 Lollipop Chart', fontdict={'size':22})
ax.set_ylabel('소득의 평균')
ax.set_xticks(df.index)
ax.set_xticklabels(df.지역구.str.lower( ), rotation=30, fontdict={'horizontalalignment':
'right', 'size':12})
```

| STEP 03 **|** 상단에 소득 정보와 관련된 텍스트를 그립니다.
해당 이미지를 파일로 저장합니다.

```
for row in df.itertuples( ):
    ax.text(row.Index, row.소득+.5, s=round(row.소득, 2), horizontalalignment= 'center',
verticalalignment='bottom', fontsize=14)

cnt += 1
savefile = CHART_NAME + UNDERBAR + str(cnt).zfill(2) + PNG
plt.savefig(savefile, dpi=400)
print(savefile + ' 파일이 저장되었습니다.')
```

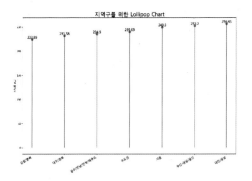

6.1.6 Ordered Bar Chart

| STEP 01 **|** 이번 예시에서는 정렬된 막대 그래프를 그려 보도록 하겠습니다.
값을 기반으로 데이터를 정렬하려면 sort_values( ) 함수를 사용하면 됩니다.
기본 값은 오름차순 정렬 방식(값이 가장 적은 값을 먼저 출력)입니다.

```
print('Ordered Bar Chart')

df = welfare[['소득', '지역구']].groupby('지역구').apply(lambda x: x.mean( ))
df.sort_values('소득', inplace=True) # gallon 당 고속도로 주행 마일 수
df.reset_index(inplace=True)

print('df')
print(df)
df
            지역구          소득
0         강원/충북   223.891567
1         대구/경북   231.576204
2  광주/전남/전북/제주도   234.901742
3           수도권   239.692953
4            서울   249.303028
5      부산/경남/울산   252.195152
6         대전/충남   256.433851

print('df.index')
print(df.index)
df.index
RangeIndex(start=0, stop=7, step=1)
```

| STEP 02 **|** x 축을 색인으로 지정하고, y 축은 소득을 이용하여 막대 그래프를 그립
니다. 매개 변수 linewidth=20을 사용하여 막대의 두께를 조정합니다.
ax.text( ) 함수를 사용하여 Bar의 상단에 수치 데이터를 보여 줍니다.

```
fig, ax = plt.subplots(figsize=(16,10), facecolor='white', dpi= 80)
ax.vlines(x=df.index, ymin=0, ymax=df.소득, color='firebrick', alpha=0.7, linewidth=20)

for i, income in enumerate(df.소득):
    ax.text(i, income+0.5, round(income, 1), horizontalalignment='center')
```

| STEP 03 **|** 그래프의 제목, y축 상하한선 ,축 Ticks 등을 정의합니다.

```
ax.set_title('Ordered Bar Chart', fontdict={'size':22})
ax.set(ylabel='지역구별 소득의 평균', ylim=(0, 301))
plt.xticks(df.index, df.지역구.str.lower( ), rotation=60, horizontalalignment='right',
fontsize=12)
```

| STEP 04 **|** 해당 그래프를 이미지 파일로 저장합니다.

```
cnt += 1
savefile = CHART_NAME + UNDERBAR + str(cnt).zfill(2) + PNG
plt.savefig(savefile, dpi=400)
print(savefile + ' 파일이 저장되었습니다.')
```

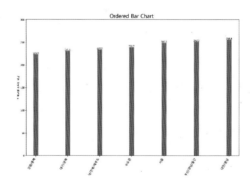

6.1.7 TreeMap

트리맵은 많은 트리 구조의 데이터를 표시하는 데 적합합니다.
시각화의 공간은 양적 변수에 의해 사각형의 크기와 순서가 정해집니다.
squarify 라이브러리는 파이썬에서 트리맵을 그리기 위한 라이브러리입니다.

| STEP 01 | 'pip install squarify' 명령어를 사용하여 설치하도록 합니다.
각 지역구별로 트리맵을 그려 보도록 합니다.

```
print('TreeMap')

# pip install squarify
import squarify

df = welfare.groupby('지역구').size( ).reset_index(name='counts')
print('df')
print(df)
df
            지역구             counts
0          강원/충북            617
1    광주/전남/전북/제주도          1346
2          대구/경북            887
3          대전/충남            715
4        부산/경남/울산          1230
5            서울            1098
6           수도권            1636
```

| STEP 02 | 트리맵의 각 셀에 들어갈 레이블 텍스트(변수 labels)를 만듭니다.
또한, 지역구의 이름과 개수를 이용하여 다음과 같은 문자열로 만듭니다.
'Wn'을 이용하여 엔터키를 누른 효과를 지정할 수 있습니다.

```
labels = df.apply(lambda x: str(x[0]) + " \n ( " + str(x[1]) + " ) ", axis=1)
print('labels') # 각 셀에 들어갈 레이블 텍스트
print(labels)
labels
0            강원/충북\n (617)
1      광주/전남/전북/제주도\n (1346)
2            대구/경북\n (887)
3            대전/충남\n (715)
4          부산/경남/울산\n (1230)
5              서울\n (1098)
6             수도권\n (1636)
dtype: object

sizes = df['counts'].values.tolist( )
```

```
print('sizes')
print(sizes)
sizes
[617, 1346, 887, 715, 1230, 1098, 1636]

colors = [plt.cm.Spectral(i/float(len(labels))) for i in range(len(labels))]
```

| STEP 03 **|** 구해진 변수들을 이용하여 트리맵을 다음과 같이 만들고, 이미지 파일로
저장하도록 합니다.

```
# Draw Plot
plt.figure(figsize=(12,8), dpi= 80)
squarify.plot(sizes=sizes, label=labels, color=colors, alpha=.8)

# Decorate
plt.title('Treemap 다루기')
plt.axis('off')

cnt += 1
savefile = CHART_NAME + UNDERBAR + str(cnt).zfill(2) + PNG
plt.savefig(savefile, dpi=400)
print(savefile + ' 파일이 저장되었습니다.')
```

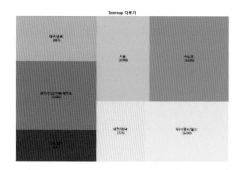

6.1.8 Stem Plotting

stem plot은 각 x에 해당하는 위치에, 기본 선으로부터 수직선을 그려주는 그래프입니다.
끝에는 marker를 이용하여 표현합니다.
이것은 막대 그래프와 유사하지만, 너비(width)가 없습니다.
주로 이산 확률 변수를 표현하고자 할 때 많이 사용되는 그래프입니다.

| STEP 01 **|** 소득 데이터를 이용하여 stem plot을 그려보도록 하겠습니다.
데이터의 개수가 많아서, 앞 100개만을 이용하여 그려 보겠습니다.

```
print('Stem Plotting')

import numpy as np
newwelfare = welfare['소득'].head(100)

print('newwelfare')
print(newwelfare)
newwelfare
0      120.0
1      220.2
2      139.0
3      150.0
4      166.0
        ...
95     150.0
96     153.0
97      71.7
98      90.0
99     200.0
Name: 소득, Length: 100, dtype: float64
```

| STEP 02 **|** stem 함수를 이용하여 다음과 같이 그래프를 작성합니다.

```
plt.figure( )
x = np.arange(len(newwelfare))
y = np.array(newwelfare)

plt.stem(x, y)

cnt += 1
savefile = CHART_NAME + UNDERBAR + str(cnt).zfill(2) + PNG
plt.savefig(savefile, dpi=400)
print(savefile + ' 파일이 저장되었습니다.')
```

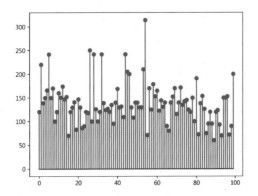

다음과 같은 경사 그래프를 그려 보세요.

예제 파일 slopeChart_exam.py, 매출.csv

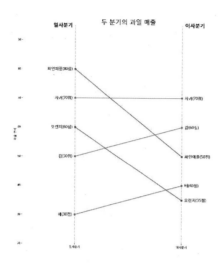

연습 문제 ② 다음과 같은 리본 박스 그래프를 그려 보세요.

예제 파일 ribbonBox_exam.py, 연령별_실업율.csv

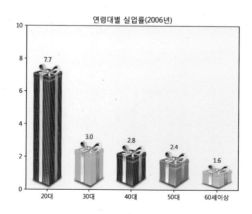

연습 문제 ③ 다음과 같은 그래프를 그려 보세요.

예제 파일 SpecialPlot_exam.py, insurance.csv

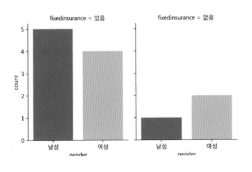

범주형 플로팅

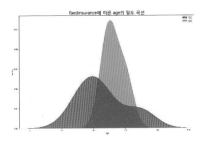

Density Plotting

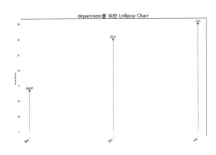

Lollipop Chart

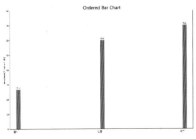

Ordered Bar Chart

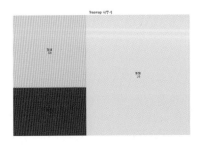

TreeMap

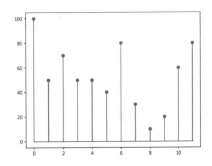

Stem Plotting

요 약

이번 장에서는 보편적으로 자주 사용되지는 않지만 특이한 형태의 그래프에 대하여 설명합니다.
이전과 이후의 변동 폭을 보여 주는 경사 그래프, 리본 박스 그래프, 범주형 데이터를 위한 그래프, 밀도 그래프, 롤리팝 그래프, 트리맵, Stem 그래프 등에 대하여 살펴 봅니다.

Chapter. A
연습 문제 해답 }

연습 문제 ① 다음과 같은 시리즈를 생성하고, 물음에 답해보세요.

예제 파일 seriesReaderWriter01_exam.py

```
myindex = ['마포구', '용산구', '서대문구', '동대문구', '은평구', '구로구',
'강서구']
mylist = [40, 80, 70, 50, 60, 30, 20]
myseries = pd.Series(data=mylist, index=myindex)
myseries
```

```
마포구      40
용산구      80
서대문구     70
동대문구     50
은평구      60
구로구      30
강서구      20
dtype: int64
```

요구 사항
'은평구'만 조회해 보세요.
'서대문구'부터 '구로구'까지 조회해 보세요.
'용산구'와 '동대문구'만 조회해 보세요.
2번째 요소만 조회해 보세요.
0, 2, 4번째 데이터를 조회해 보세요.
1, 3, 4번째 데이터를 조회해 보세요.
슬라이싱을 사용하여 2번째부터 4번째까지 조회해 보세요.
2번째 항목의 값을 99로 변경해 보세요.
2번째부터 4번째까지를 66으로 변경해 보세요.
'마포구'와 '강서구'만 55로 변경해 보세요.
짝수 행만 77로 변경로 변경해 보세요.
최종 결과를 확인해 보세요.

```
import pandas as pd

myindex = ['마포구', '용산구', '서대문구', '동대문구', '은평구', '구로구',
'강서구']
mylist = [40, 80, 70, 50, 60, 30, 20]
myseries = pd.Series(data=mylist, index=myindex)
print(myseries)
print('-'*30)

# 색인의 이름으로 값 읽기
print(myseries[['은평구']])
print('-'*30)

# 라벨 이름으로 슬라이싱
print(myseries['서대문구':'구로구'])
print('-'*30)

# 여러 개의 색인 이름으로 데이터 읽기
print(myseries[['용산구', '동대문구']])
print('-'*30)

# 정수를 이용한 데이터 읽기
print(myseries[[2]])
print('-'*30)

# 0, 2, 4번째 데이터 읽기
print(myseries[0:5:2])
print('-'*30)

# 1, 3, 4번째 데이터 읽기
print(myseries[[1, 3, 4]])
print('-'*30)

# 슬라이싱 사용하기
print(myseries[2:5]) # from <= 결과 < to

myseries[2] = 99 # 2번째 항목의 값 변경
myseries[2:4] = 66 # 2번째부터 4번째 까지 항목의 값 변경
myseries[['마포구', '강서구']] = 55 # '마포구'와 '강서구'만 55로 변경
myseries[0::2] = 77 # 짝수 행만 77로 변경

# 시리즈 내용 확인
print(myseries)
print('-'*30)
```

다음과 같은 데이터 프레임을 생성하고, 물음에 답해보세요.

예제 파일 dataframeReaderWriter01_exam.py

```
myindex - ['김구', '이봉창', '안중근', '윤봉길']
mycolumns = ['강남구', '은평구', '마포구', '용산구']
mylist = list( 10 * onedata for onedata in range(1, 17))
myframe = pd.DataFrame( np.reshape(mylist, (4, 4)), index=myindex, columns = mycolumns  )
myframe
```

	강남구	은평구	마포구	용산구
김구	10	20	30	40
이봉창	50	60	70	80
안중근	90	100	110	120
윤봉길	130	140	150	160

요구 사항

1번째 행 데이터를 조회해 보세요.
1번째와 3번째 행 데이터를 조회해 보세요.
'윤봉길'행만 조회해 보세요.
'이봉창'과 '윤봉길'행을 조회해 보세요.
'윤봉길'행의 '은평구' 데이터만 조회해 보세요.
'김구'와 '이봉창'의 '용산구'와'은평구' 데이터를 조회해 보세요.
'은평구'의 값이 100 이하인 행들을 조회해 보세요.
'은평구'의 값이 100인 행들을 조회해 보세요.
'김구'부터 '안중근'까지 '용산구' 데이터를 80으로 변경해 보세요.
데이터 프레임의 최종 결과를 확인해 보세요.

정답 소스 코드

```
import numpy as np
import pandas as pd

myindex = ['김구', '이봉창', '안중근', '윤봉길']
mycolumns = ['강남구', '은평구', '마포구', '용산구']
mylist = list(10 * onedata for onedata in range(1, 17))
myframe = pd.DataFrame(np.reshape(mylist, (4, 4)), index=myindex, columns = mycolumns)

print(myframe)
print('-'*30)
```

```
result = myframe.iloc[1]
print(result)
print('-'*30)

result = myframe.iloc[[1,3]]
print(result)
print('-'*30)

result = myframe.loc[['윤봉길']]
print(result)
print('-'*30)

result = myframe.loc[['이봉창', '윤봉길']]
print(result)
print('-'*30)

result = myframe.loc[['윤봉길'], ['은평구']] # DataFrame
print(result)
print('-'*30)

result = myframe.loc[['김구', '이봉창'], ['용산구', '은평구']]
print(result)
print('-'*30)

result = myframe.loc[ myframe['은평구'] <= 100 ]
print(result)
print('-'*30)

result = myframe.loc[ myframe['은평구'] == 100 ]
print(result)
print('-'*30)


myframe.loc['김구':'안중근', ['용산구']] = 80
print(myframe)
print('-'*30)
```

예제 파일 applyBasic_exam.py

```
filename = './../data/memberInfo_exam.csv'
df = pd.read_csv(filename, index_col='이름')
df
```

	중간	기말
이름		
강감찬	60	70
을지문덕	70	75

요구 사항

'중간' 컬럼과 apply 함수를 사용하여 다음과 같은 성적(수우미양가)을 출력해주는 함수 sungjuk를 구현하세요.

```
sq = df['중간'].apply(sungjuk)
sq
```

```
이름
강감찬     양
을지문덕    미
Name: 중간, dtype: object
```

정답 소스 코드

```
import pandas as pd

filename = './../data/memberInfo_exam.csv'
df = pd.read_csv(filename, index_col='이름')
print(df)
print('-'*30)

def sungjuk(x):
    result = ''
    if x >= 90 :
        result = '수'
    elif x >= 80 :
        result = '우'
    elif x >= 70 :
        result = '미'
```

```
    elif x >= 60 :
        result = '양'
    else:
        result = '가'
    return result


sq = df['중간'].apply(sungjuk)
print(sq)
print('-'*30)
```

다음과 같은 데이터를 사용하여, 물음에 답해보세요.

예제 파일 mergeTest01_exam.py

요구 사항

'데이터 01'과 '데이터 02'를 각각 만들어 보세요.
'데이터 01'과 '데이터 02'를 합쳐서 '결과 01' 데이터를 생성해 보세요.
'데이터 01'과 '데이터 02'를 합쳐서 '결과 02' 데이터를 생성해 보세요.

데이터 01

	이름	중간
0	유관순	10
1	유관순	20
2	황진이	30
3	황진이	40
4	유관순	50

데이터 02

	이름	기말
0		30
1	유관순	40
2	신사임당	50
3		
4		

결과 01번

	이름	중간	기말
0	유관순	10	40
1	유관순	20	40
2	유관순	50	40
3	황진이	30	30
4	황진이	40	30

결과 02번

	이름	중간	기말
0	유관순	10.0	40
1	유관순	20.0	40
2	유관순	50.0	40
3	황진이	30.0	30
4	황진이	40.0	30
5	신사임당	NaN	50

정답 소스 코드

```
import pandas as pd

dict1 = {'이름':['유관순', '유관순', '황진이', '황진이', '유관순'], '중간':
[10*idx for idx in range(1, 6)]}
df1 = pd.DataFrame(dict1)
print(df1)
print('-'*30)

dict2 = {'이름':['황진이', '유관순', '신사임당'], '기말':[10*idx for idx in
range(3, 6)]}
df2 = pd.DataFrame(dict2)
```

```
print(df2)
print( ' - ' *30)

print(pd.merge(df1, df2, on=' 이름 '))
print( ' - ' *30)

print(pd.merge(df1, df2, how=' outer ' ))
print( ' - ' *30)
```

데이터 시각화

연습 문제에 대한 풀이입니다.

연습 문제 ① 다음과 같이 '꺾은 선 그래프'를 그려 보세요.

예제 파일 brokenLineExam_exam.py

```
filename = './../data/연령별_실업율.csv'
data = pd.read_csv(filename, index_col='연도', encoding='cp949')
```

	연도	20대	30대	40대	50대	60세이상
0	2001년	7.4	3.2	3.0	2.8	1.2
1	2002년	6.6	2.9	2.0	2.0	1.1
2	2003년	7.7	2.8	2.2	2.2	1.0
3	2004년	7.9	3.2	2.3	2.8	1.2
4	2005년	7.7	3.4	2.4	2.4	1.3
5	2006년	7.7	3.0	2.8	2.4	1.6
6	2007년	7.1	3.2	2.1	2.2	1.3
7	2008년	7.0	3.1	2.2	2.1	1.2
8	2009년	7.9	3.6	2.5	2.5	1.6
9	2010년	7.8	3.5	2.5	2.4	3.0

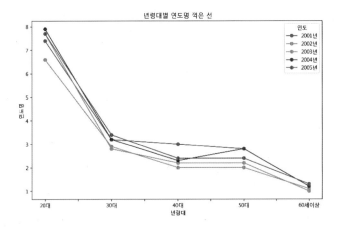

년령대별 연도명 꺽은 선

소스 코드

```
import pandas as pd
import matplotlib.pyplot as plt
########################################################################
plt.rc('font', family='Malgun Gothic')
cnt, PNG, UNDERBAR = 0, '.png', '_'
CHART_NAME = 'brokenLineExam_연습_문제'
filename = './../data/연령별_실업율.csv'
# filename = './../data/주요발생연도주간동향(4월2째주).csv'
########################################################################
data = pd.read_csv(filename, index_col='연도', encoding='cp949')
print(data.columns)


# YEAR = ['2001년', '2002년', '2003년', '2004년', '2005년', '2006년', '2007년',
'2008년', '2009년', '2010년']
YEAR = ['2001년', '2002년', '2003년', '2004년', '2005년']
AGEG = ['20대', '30대', '40대', '50대', '60세이상']
chartdata = data.loc[YEAR, AGEG]

chartdata = chartdata.T

chartdata.plot(title='SomeTitie', figsize=(10, 6), legend = True, marker='o', rot=0)

# plt.grid(True)
plt.xlabel('년령대')
plt.ylabel('연도명')
plt.title('년령대별 연도명 꺽은 선')

cnt += 1
savefile = CHART_NAME + UNDERBAR + str(cnt).zfill(2) + PNG
plt.savefig(savefile, dpi=400)
print(savefile + ' 파일이 저장되었습니다.')
```

예제 파일 scatterPlotExam_exam.py, kbo.csv

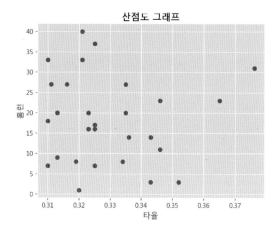

정답 소스 코드

```
import pandas as pd
import matplotlib.pyplot as plt

plt.rc('font', family='Malgun Gothic')
cnt, PNG, UNDERBAR = 0, '.png', '_'
CHART_NAME = 'scatterPlotExam_연습_문제'
filename = '../../data/kbo.csv'
plt.style.use('ggplot')

kbo = pd.read_csv(filename, encoding='cp949')

xdata = kbo.loc[:, ['AVG']]
ydata = kbo.loc[:, ['HR']]

plt.figure()
plt.plot(xdata, ydata, marker='o', linestyle='None')
plt.xlabel("타율")
plt.ylabel("홈런")
plt.title("산점도 그래프")
plt.grid(True)

cnt += 1
savefile = CHART_NAME + UNDERBAR + str(cnt).zfill(2) + PNG
plt.savefig(savefile, dpi=400)
print(savefile + ' 파일이 저장되었습니다.')
```

다음과 같이 학생들의 국어 점수를 이용하여 '막대 그래프'를 그려 보세요.

예제 파일   barChartExam_exam.py, final_exam.csv

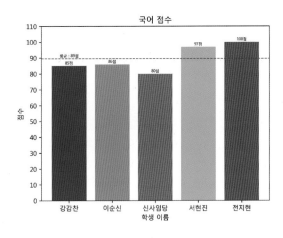

정답   소스 코드

```
import numpy as np
import matplotlib.pyplot as plt
########################################################################
plt.rc('font', family='Malgun Gothic')
cnt, PNG, UNDERBAR = 0, '.png', '_'
CHART_NAME = 'barChartExam_연습_문제'
filename = './../data/final_exam.csv'
########################################################################
import pandas as pd

data = pd.read_csv(filename, index_col='names', encoding='cp949')

print(data.columns)
print('-'*30)

chartdata = data['korean']
print(chartdata)
print('-'*30)
print('type(chartdata)')
print(type(chartdata)) # Series
########################################################################
# plt.bar( ) 메소드를 사용한 막대 그래프
def MakeBarChart01(x, y, color, xlabel, ylabel, title):
    plt.figure( )
    plt.bar(x, y, color=color, alpha=0.7)

    plt.xlabel(xlabel)
```

```python
        plt.ylabel(ylabel)
        plt.title(title)
        # plt.grid(True)

        YTICKS_INTERVAL = 10

        maxlim = (int(y.max( ) / YTICKS_INTERVAL) + 1) * YTICKS_INTERVAL
        print(maxlim)

        values = np.arange(0, maxlim + 1, YTICKS_INTERVAL)

        plt.yticks(values, ['%s' % format(val, ',') for val in values])

        # 그래프 위에 건수와 비율 구하기
        ratio = 100 * y / y.sum( )
        print(ratio)
        print('-' * 40)

        plt.rc('font', size=6)
        for idx in range(y.size):
            value = format(y[idx], ',') + '점'
            plt.text(x=idx, y=y[idx] + 1, s=value, horizontalalignment='center')

        # 평균 값을 수평선으로 그리기
        meanval = y.mean( )
        print(meanval)
        print('-' * 40)

        average = '평균 : %d점' % meanval
        plt.axhline(y=meanval, color='r', linewidth=1, linestyle='dashed')
        plt.text(x=0, y=meanval + 1, s=average, horizontalalignment='center')

        global cnt
        cnt = cnt + 1
        savefile = CHART_NAME + UNDERBAR + str(cnt).zfill(2) + PNG
        plt.savefig(savefile, dpi=400)
        print(savefile + ' 파일이 저장되었습니다.')
# def MakeBarChart01
################################################################################
colors = ['b', 'g', 'r', 'c', 'm', 'y', 'k']
mycolor = colors[0:len(chartdata)]

MakeBarChart01(x=chartdata.index, y=chartdata, color=mycolor, xlabel='학생 이름', ylabel='점수', title='국어 점수')
```

한국 복지 패널 데이터

연습 문제 ① 다음과 같은 그래프를 그려 보세요.

예제 파일 humanTest.py, human_info.csv

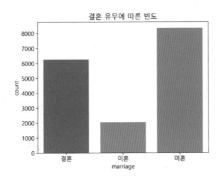

결혼(marriage) 컬럼에 대한 빈도 수 그래프

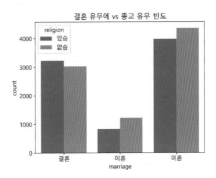

결혼(marriage) 컬럼에 대한 빈도 수를
성별로 분류한 그래프

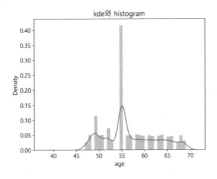

나이에 대한 히스토그램과 커널 밀도 함수 사용

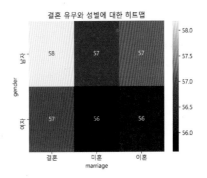

결혼 유무와 성별에 대한 히트맵

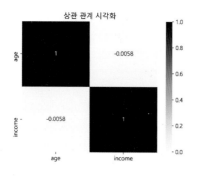

나이의 소득에 대한 상관 관계

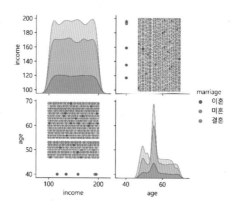

나이의 소득에 대하여 결혼 여부
pairplot 그래프

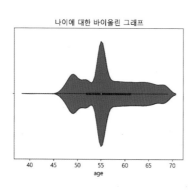

나이에 대한 바이올린 그래프

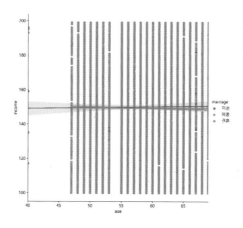

나이와 소득에 대하여 결혼 유무별
lmplot 그래프

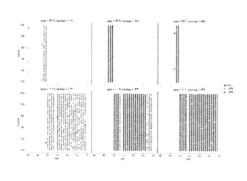

나이와 소득에 대하여 결혼 유무별 relplot 그래프.

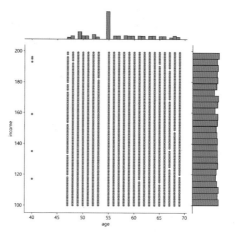

나이와 소득에 따른 jointplot 그래프

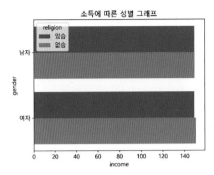

소득과 성별에 대하여 종교 유무별 그래프

소스 코드

```
import warnings
warnings.simplefilter(action='ignore', category=FutureWarning)
##############################################################
import matplotlib.pyplot as plt
plt.rc('font', family='Malgun Gothic')
plt.rcParams["font.size"] = 12
plt.rcParams['xtick.labelsize'] = 12.
plt.rcParams['ytick.labelsize'] = 12.
plt.rcParams['axes.unicode_minus'] = False

CHART_NAME = 'seabornWelfare_exam'
cnt, PNG, UNDERBAR = 0, '.png', '_'
filename = './../data/human_info.csv'
# filename = './../data/welfare_python.csv'
##############################################################
import pandas as pd
welfare = pd.read_csv(filename, encoding='cp949')
##############################################################
def FileSave():
    global cnt
    cnt += 1
    savefile = CHART_NAME + UNDERBAR + str(cnt).zfill(2) + PNG
    plt.savefig(savefile, dpi=400)
    print(savefile + ' 파일이 저장되었습니다.')
# end def FileSave():
##############################################################

def newAge(x):
    if x < 40:
        return '청년'
    elif x >= 40 and x < 50:
        return '중년'
    else :
        return '노년'
```

```python
welfare['ageg'] = welfare['age'].apply(newAge)
############################################################
print('결혼 유무에 따른 빈도')
result = welfare.groupby('marriage')['marriage'].count()
print(result)

ORDERING = ['결혼', '이혼', '미혼']
plt.figure()
plt.title('결혼 유무에 따른 빈도')

import seaborn as sns
sns.countplot(x='marriage', data=welfare, order=ORDERING)
FileSave()

print('marriage vs religion 빈도')
result = welfare.groupby(['marriage', 'religion'])['marriage'].count()
print(result)

plt.figure()
plt.title('결혼 유무에 vs 종교 유무 빈도')
sns.countplot(x='marriage', hue='religion', data=welfare, order=ORDERING)
FileSave()
############################################################
x = welfare['age']

plt.figure() # kde(kernel density)
plt.title('kde와 histogram')
sns.distplot(x, rug=False, hist=True, kde=True, label='asdf')
FileSave()

pivot = welfare.pivot_table(index='gender', columns='marriage', values='age')
print('pivot_table을 이용한 시각화')
print(pivot)

plt.figure()
plt.title('결혼 유무와 성별에 대한 히트맵')
sns.heatmap(data=pivot, annot=True)
FileSave()

# correlation(상관관계)를 시각화
# corr() 함수는 데이터의 상관 관계를 보여줍니다.
cor = welfare.corr()
print('상관 관계 시각화')
print(cor)

plt.figure()
plt.title('상관 관계 시각화')
sns.heatmap(data=cor, annot=True, cmap="YlGnBu")
FileSave()
############################################################
```

```
newwelfare = welfare.loc[:, ['income', 'age', 'marriage']]

plt.figure()
plt.title('hue 옵션으로 특성 구분')
sns.pairplot(data=newwelfare, hue='marriage')
FileSave()
#########################################################
print("welfare['age'].describe()")
print(welfare['age'].describe())

plt.figure()
plt.title('나이에 대한 바이올린 그래프')
sns.violinplot(x='age', data=welfare)
FileSave()
#########################################################
plt.figure()
plt.title(' ')
sns.lmplot(x='age', y='income', hue='marriage', height=8, data=welfare)
FileSave()
#########################################################
plt.figure()
plt.title('컬러 팔레트 적용')
sns.relplot(x='age', y='income', hue='gender', row='ageg', col='marriage',
palette='CMRmap_r', data=welfare)
FileSave()
#########################################################
plt.figure()
plt.title('기본 jointplot')
sns.jointplot(x='age', y='income', height=8, data=welfare)
FileSave()

ax = plt.subplots()
ax = sns.barplot(x='income', y='gender', hue='religion', data=welfare, errwidth=0)
ax.set_title('소득에 따른 성별 그래프')
ax.set_ylabel('gender')
ax.set_xlabel('income')
FileSave()

print('finished')
```

연습 문제 ① 다음과 같은 그래프를 그려 보세요.

예제 파일 seabornTest01_exam.py, tips.csv

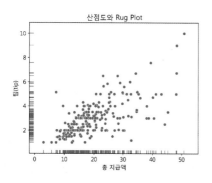

산점도와 Rug Plot(총 지급액 vs 팁(tip))

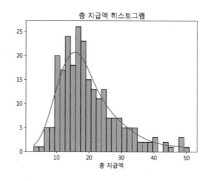

총 지급액에 대한 히스토그램

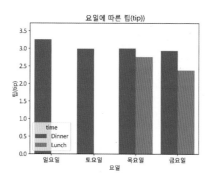

요일에 따른 팁(tip))

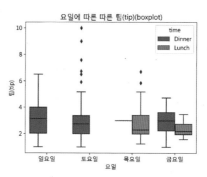

요일에 따른 따른 팁(상자 수염 그래프)

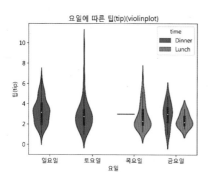

요일에 따른 팁(바이올린 그래프)

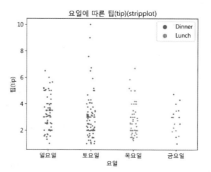

요일에 따른 팁(stripplot)

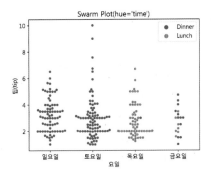

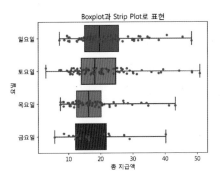

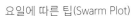

요일에 따른 팁(Swarm Plot)　　　　　　　　Boxplot과 Strip Plot 동시에 그리기

정답 소스 코드

```
import pandas as pd
import warnings
warnings.simplefilter(action='ignore', category=FutureWarning)

import matplotlib.pyplot as plt
plt.rc('font', family='Malgun Gothic')
plt.rcParams["font.size"] = 12
plt.rcParams['xtick.labelsize'] = 12.
plt.rcParams['ytick.labelsize'] = 12.
plt.rcParams['axes.unicode_minus'] = False

CHART_NAME = 'seabornTest_exam'
cnt, PNG, UNDERBAR = 0, '.png', '_'
filename = './../data/tips.csv'
# filename = './../data/tips.csv'

tips = pd.read_csv(filename, encoding='utf-8', index_col=0)

print(tips.columns)
print('-'*30)

print(tips.head(10))
print('-'*30)

print(tips.describe())
print('-'*30)

def FileSave():
    global cnt
    cnt += 1
    savefile = CHART_NAME + UNDERBAR + str(cnt).zfill(2) + PNG
    plt.savefig(savefile, dpi=400)
    print(savefile + ' 파일이 저장되었습니다.')
# end def FileSave():

import seaborn as sns
```

```
total_bill = tips['total_bill'] # Series
print('total_bill.unique( )')
print(total_bill.unique( ))

import numpy as np
print(np.max(total_bill.unique( )))
print(np.min(total_bill.unique( )))

ax = plt.subplots( )
sns.scatterplot(data=tips, x='total_bill', y='tip')
ax = sns.rugplot(data=tips, x='total_bill', y='tip')
ax.set_title('산점도와 Rug Plot')
ax.set_xlabel('총 지급액')
ax.set_ylabel('팁(tip)')
FileSave( )

ax = plt.subplots( )
ax = sns.histplot(data=tips, x='total_bill', kde=True, bins=30)
ax.set_title('총 지급액 히스토그램')
ax.set_xlabel('총 지급액')
ax.set_ylabel(' ')
FileSave( )

print("tips['day'].unique( )")
print(tips['day'].unique( ))

label_dict = {'Sun':'일요일', 'Sat':'토요일', 'Thur':'목요일', 'Fri':'금요
일'}

def setLabel(x):
    return label_dict[x]

idx = 0 # 색상 구분을 위한 카운터 변수
tips['day'] = tips['day'].apply(setLabel)

print('요일별 갯수')
result = tips.groupby('day')['day'].count( )
print(result)

print("tips['time'].unique( )")
print(tips['time'].unique( ))

print('주간/야간 구분 개수')
result = tips.groupby('time')['time'].count( )
print(result)

plt.figure( )
ax = sns.barplot(x='day', y='tip', hue='time', data=tips, errwidth=0)
ax.set_title("요일에 따른 팁(tip))")
ax.set_xlabel('요일')
ax.set_ylabel('팁(tip)')
```

```
FileSave( )

print('요일에 따른 따른 팁(tip)의 통계치 정보')
mygrouping = tips.groupby('day')['tip']
print(mygrouping.describe( ))

plt.figure( )
ax = sns.boxplot(x='day', y='tip', hue='time', data=tips)
ax.set_title('요일에 따른 따른 팁(tip)(boxplot)')
ax.set_xlabel('요일')
ax.set_ylabel('팁(tip)')
FileSave( )

plt.figure( )
ax = sns.violinplot(x='day', y='tip', hue='time', data=tips)
ax.set_title('요일에 따른 팁(tip)(violinplot)')
ax.set_xlabel('요일')
ax.set_ylabel('팁(tip)')
FileSave( )

# UserWarning: 5.7% of the points cannot be placed;
# you may want to decrease the size of the markers or use stripplot.
STRIP_SIZE = 3

plt.figure( )
ax = sns.stripplot(x='day', y='tip', hue='time', data=tips, jitter=True, size=STRIP_
SIZE)
ax.set_title('요일에 따른 팁(tip)(stripplot)')
ax.set_xlabel('요일')
ax.set_ylabel('팁(tip)')
plt.legend(loc=1)
FileSave( )


plt.figure( )
ax = sns.swarmplot(x='day', y='tip', hue='time', data=tips)
ax.set_title("Swarm Plot(hue='time')")
ax.set_xlabel('요일')
ax.set_ylabel('팁(tip)')
plt.legend(loc=1)
FileSave( )


import numpy as np
plt.figure( )
sns.boxplot(x='total_bill', y='day', data=tips, whis=np.inf)
ax = sns.stripplot(x='total_bill', y='day', data=tips, jitter=True, color="0.4")
ax.set_title("Boxplot과 Strip Plot로 표현")
ax.set_xlabel('총 지급액')
ax.set_ylabel('요일')

FileSave( )
```

 **특별한 그래프**

연습 문제 ① 다음과 같은 경사 그래프를 그려 보세요.

예제 파일 slopeChart_exam.py, 매출.csv

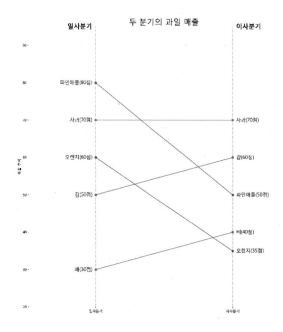

정답 소스 코드

```
import pandas as pd
import matplotlib.pyplot as plt

plt.rc('font', family='Malgun Gothic')
cnt, PNG, UNDERBAR = 0, '.png', '_'
CHART_NAME = 'slopeChart_exam'
filename = './../data/매출.csv'
plt.rcParams['axes.unicode_minus'] = False

df = pd.read_csv(filename, encoding='cp949')

fig, ax = plt.subplots(1, 1, figsize=(14, 14), dpi=80)
```

```
import pandas as pd
import matplotlib.pyplot as plt

plt.rc('font', family='Malgun Gothic')
cnt, PNG, UNDERBAR = 0, '.png', '_'
CHART_NAME = 'slopeChart_exam'
filename = './../data/매출.csv'
plt.rcParams['axes.unicode_minus'] = False

df = pd.read_csv(filename, encoding='cp949')

fig, ax = plt.subplots(1, 1, figsize=(14, 14), dpi= 80)

HUNDRED = 90
MIN_HEIGHT = 20
MAX_HEIGHT = HUNDRED + 5

# 수직선 그리기
ax.vlines(x=1, ymin=MIN_HEIGHT, ymax=MAX_HEIGHT, color='black', alpha=0.7, linewidth=1,
linestyles='dotted')
ax.vlines(x=3, ymin=MIN_HEIGHT, ymax=MAX_HEIGHT, color='black', alpha=0.7, linewidth=1,
linestyles='dotted')

import numpy as np

ax.scatter(y=df['일사분기'], x=np.repeat(1, df.shape[0]), s=10, color='black', alpha=0.7)
ax.scatter(y=df['이사분기'], x=np.repeat(3, df.shape[0]), s=10, color='black', alpha=0.7)

idx = 0

left_label = [str(c) + '(' + str(round(y)) + '점)' for c, y in zip(df.name, df['일사분
기'])]
print('left_label')
print(left_label)

right_label = [str(c) + '(' + str(round(y)) + '점)' for c, y in zip(df.name, df['이사분
기'])]

import matplotlib.lines as mlines

def newline(p1, p2):
    ax = plt.gca()
    l = mlines.Line2D([p1[0], p2[0]], [p1[1], p2[1]], color='red' if p1[1]-p2[1] > 0 else
'green', marker='o', markersize=6)
    ax.add_line(l)
    return l

for p1, p2 in zip(df['일사분기'], df['이사분기']):
    newline([1, p1], [3, p2]) # 연결선을 그려 주고
    # 선들에 대한 caption 작성하기
```

```
    ax.text(1-0.05, p1, left_label[idx], horizontalalignment='right', verticalalignment=
'center', fontdict={'size':14})
    ax.text(3+0.05, p2, right_label[idx], horizontalalignment='left', verticalalignment=
'center', fontdict={'size':14})
    idx = idx + 1

ax.text(1-0.05, HUNDRED + 5, '일사분기', horizontalalignment='right', verticalalignment=
'center', fontdict={'size':18, 'weight':700})
ax.text(3+0.05, HUNDRED + 5, '이사분기', horizontalalignment='left', verticalalignment=
'center', fontdict={'size':18, 'weight':700})

# Decoration
ax.set_title('두 분기의 과일 매출', fontdict={'size':22})
ax.set(xlim=(0,4), ylim=(MIN_HEIGHT, MAX_HEIGHT), ylabel='매출 추이')

# 하단의 x축에 대한 ticks 작성
ax.set_xticks([1, 3])
ax.set_xticklabels(['일사분기', '이사분기'])
# plt.yticks(np.arange(500, 13000, 2000), fontsize=12)

# 그래프 영역의 테두리 선(borders) 없애기
plt.gca().spines["top"].set_alpha(.0)
plt.gca().spines["bottom"].set_alpha(.0)
plt.gca().spines["right"].set_alpha(.0)
plt.gca().spines["left"].set_alpha(.0)

cnt += 1
savefile = CHART_NAME + UNDERBAR + str(cnt).zfill(2) + PNG
plt.savefig(savefile, dpi=400)
print(savefile + ' 파일이 저장되었습니다.')
```

예제 파일　ribbonBox_exam.py, 연령별_실업율.csv

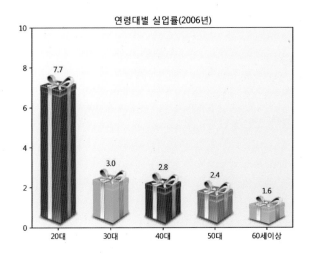

정답　소스 코드

```
import numpy as np
import pandas as pd

from matplotlib import cbook, colors as mcolors
from matplotlib.image import AxesImage
import matplotlib.pyplot as plt
from matplotlib.transforms import Bbox, TransformedBbox, BboxTransformTo
########################################################################
plt.rc('font', family='Malgun Gothic')
cnt, PNG, UNDERBAR = 0, '.png', '_'
CHART_NAME = 'ribbonBox_exam'
filename = './../data/연령별_실업율.csv'
########################################################################
class RibbonBox:
    original_image = plt.imread(
        cbook.get_sample_data("Minduka_Present_Blue_Pack.png"))
    cut_location = 70
    b_and_h = original_image[:, :, 2:3]
    color = original_image[:, :, 2:3] - original_image[:, :, 0:1]
    alpha = original_image[:, :, 3:4]
    nx = original_image.shape[1]
```

```python
    def __init__(self, color):
        rgb = mcolors.to_rgba(color)[:3]
        self.im = np.dstack(
            [self.b_and_h - self.color * (1 - np.array(rgb)), self.alpha])


    def get_stretched_image(self, stretch_factor):
        stretch_factor = max(stretch_factor, 1)
        ny, nx, nch = self.im.shape
        ny2 = int(ny*stretch_factor)
        return np.vstack(
            [self.im[:self.cut_location],
             np.broadcast_to(
                 self.im[self.cut_location], (ny2 - ny, nx, nch)),
             self.im[self.cut_location:]])
# end class RibbonBox:

class RibbonBoxImage(AxesImage):
    zorder = 1

    def __init__(self, ax, bbox, color, *, extent=(0, 1, 0, 1), **kwargs):
        super().__init__(ax, extent=extent, **kwargs)
        self._bbox = bbox
        self._ribbonbox = RibbonBox(color)
        self.set_transform(BboxTransformTo(bbox))

    def draw(self, renderer, *args, **kwargs):
        stretch_factor = self._bbox.height / self._bbox.width

        ny = int(stretch_factor*self._ribbonbox.nx)
        if self.get_array() is None or self.get_array().shape[0] != ny:
            arr = self._ribbonbox.get_stretched_image(stretch_factor)
            self.set_array(arr)

        super().draw(renderer, *args, **kwargs)
# end class RibbonBoxImage(AxesImage):

def main():
    fig, ax = plt.subplots()

    # data = pd.read_csv(filename, index_col='국가')
    data = pd.read_csv(filename, index_col='연도', encoding='cp949')

    koreadata = data.loc['2006년', '20대':'60세이상']
    print('koreadata.index')
    print(koreadata.index)

    chartdata = [koreadata[item] for item in koreadata.index]
    print('chartdata')
    print(chartdata) # 그리고자 하는 데이터
```

```python
    xdata = np.arange(0, len(chartdata))
    print('xdata')
    print(xdata)

    box_colors = [
        (0.8, 0.2, 0.2),
        (0.2, 0.8, 0.2),
        (0.2, 0.2, 0.8),
        (0.7, 0.5, 0.8),
        (0.3, 0.8, 0.7),
    ]

    for x, h, bc in zip(xdata, chartdata, box_colors):
        bbox0 = Bbox.from_extents(x - 0.4, 0., x + 0.4, h)
        bbox = TransformedBbox(bbox0, ax.transData)
        # 리본 이미지 넣기
        ax.add_artist(RibbonBoxImage(ax, bbox, bc, interpolation="bicubic"))
        # 상단의 수치 데이터를 콤마 유형으로 표시
        ax.annotate('%s' % format(h, ','), (x, h), va="bottom", ha="center")

    ax.set_xlim(xdata[0] - 0.5, xdata[-1] + 0.5)
    ax.set_ylim(0, 10)

    myxticks = [item for item in koreadata.index]
    ax.set_xticks(xdata)
    ax.set_xticklabels(myxticks) # x축에 놓을 문자열
    ax.set_title('연령대별 실업률(2006년)')

    # 배경 색상을 지정합니다.
    background_gradient = np.zeros((2, 2, 4))
    background_gradient[:, :, :3] = [1, 1, 0]
    background_gradient[:, :, 3] = [[0.1, 0.3], [0.3, 0.5]] # alpha channel
    ax.imshow(background_gradient, interpolation="bicubic", zorder=0.1,
              extent=(0, 1, 0, 1), transform=ax.transAxes, aspect="auto")

    global cnt
    cnt += 1
    savefile = CHART_NAME + UNDERBAR + str(cnt).zfill(2) + PNG
    plt.savefig(savefile, dpi=400)
    print(savefile + ' 파일이 저장되었습니다.')

    print('finished')
# end main()

main()
```

예제 파일 SpecialPlot_exam.py, insurance.csv

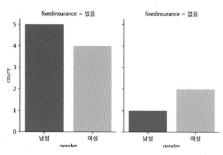

범주형 플로팅

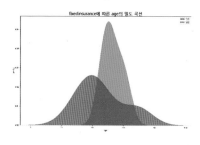

Density Plotting

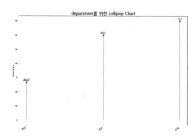

Lollipop Chart

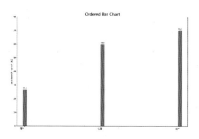

Ordered Bar Chart

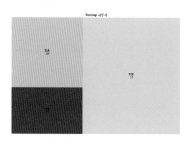

TreeMap

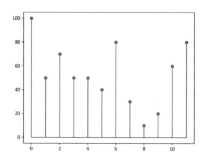

Stem Plotting

```
import seaborn as sns
import pandas as pd
import matplotlib.pyplot as plt

plt.rc('font', family='Malgun Gothic')
cnt, PNG, UNDERBAR = 0, '.png', '_'
CHART_NAME = 'SpecialPlot_exam'
# filename = './../data/welfareClean.csv'
filename = './../data/insurance.csv'
plt.rcParams['axes.unicode_minus'] = False

welfare = pd.read_csv(filename, encoding='cp949')
print(welfare.columns)
print(welfare.head())
#############################################################################
print('범주형 플로팅')
#############################################################################
fig = plt.figure(figsize=(16, 10), dpi= 80)

sns.catplot('gender', col='fixedinsurance', col_wrap=2,
            data=welfare, kind="count", height=3.5,
            aspect=.8, palette='tab20')

fig.suptitle('제목')

cnt += 1
savefile = CHART_NAME + UNDERBAR + str(cnt).zfill(2) + PNG
plt.savefig(savefile, dpi=400)
print(savefile + ' 파일이 저장되었습니다.')
#############################################################################
print('Density Plotting')
#############################################################################
print("welfare['fixedinsurance'].unique()")
print(welfare['fixedinsurance'].unique())

plt.figure(figsize=(16,10), dpi= 80)
MY_ALPHA = 0.6
sns.kdeplot(welfare.loc[welfare['fixedinsurance'] == '있음', 'age'], shade=True,
color="r", label="있음", alpha=MY_ALPHA)
sns.kdeplot(welfare.loc[welfare['fixedinsurance'] == '없음', 'age'], shade=True,
color="g", label="없음", alpha=MY_ALPHA)

plt.title('fixedinsurance에 따른 age의 밀도 곡선', fontsize=22)
plt.legend()

cnt += 1
savefile = CHART_NAME + UNDERBAR + str(cnt).zfill(2) + PNG
plt.savefig(savefile, dpi=400)
print(savefile + ' 파일이 저장되었습니다.')
#############################################################################
```

```
'''
The lollipop chart is a composite chart with bars and circles.
It is a variant of the bar chart with a circle at the end, to highlight the data value.
Like a bar chart, a lollipop chart is used to compare categorical data
'''
print('Lollipop Chart')
################################################################################
df = welfare[['cancer', 'department']].groupby('department').apply(lambda x: x.mean())
df.sort_values('cancer', inplace=True)
df.reset_index(inplace=True)

print('df')
print(df)


# Draw plot
fig, ax = plt.subplots(figsize=(16,10), dpi= 80)

# 수직선
ax.vlines(x=df.index, ymin=0, ymax=df.cancer, color='firebrick', alpha=0.7, linewidth=2)

# 상단의 점
ax.scatter(x=df.index, y=df.cancer, s=75, color='firebrick', alpha=0.7)

# Title, Label, Ticks and Ylim
ax.set_title('department를 위한 Lollipop Chart', fontdict={'size':22})
ax.set_ylabel('cancer의 평균')
ax.set_xticks(df.index)
ax.set_xticklabels(df.department.str.lower(), rotation=30, fontdict={'horizontalalignment':
'right', 'size':12})

# 상단에 그려 주는 cancer 정보 텍스트
for row in df.itertuples():
    ax.text(row.Index, row.cancer+.5, s=round(row.cancer, 2), horizontalalignment='center',
verticalalignment='bottom', fontsize=14)

cnt += 1
savefile = CHART_NAME + UNDERBAR + str(cnt).zfill(2) + PNG
plt.savefig(savefile, dpi=400)
print(savefile + ' 파일이 저장되었습니다.')
################################################################################
print('Ordered Bar Chart')
################################################################################
df = welfare[['cancer', 'department']].groupby('department').apply(lambda x: x.mean())
df.sort_values('cancer', inplace=True) # gallon 당 고속도로 주행 마일 수
df.reset_index(inplace=True)

print('df')
print(df)

print('df.index')
```

```
print(df.index)

# Draw plot
import matplotlib.patches as patches

fig, ax = plt.subplots(figsize=(16,10), facecolor='white', dpi=80)
ax.vlines(x=df.index, ymin=0, ymax=df.cancer, color='firebrick', alpha=0.7, linewidth=20)

# Annotate Text : Bar의 상단에 수치 데이터를 보여 줍니다.
for i, income in enumerate(df.cancer):
    ax.text(i, income+0.5, round(income, 1), horizontalalignment='center')

# 그래프 제목, y축 상하한선, c축 Ticks 정의
ax.set_title('Ordered Bar Chart', fontdict={'size':22})
ax.set(ylabel='department별 cancer의 평균', ylim=(0, 80))
plt.xticks(df.index, df.department.str.lower(), rotation=0, horizontalalignment='right',
fontsize=12)

# # Add patches to color the X axis labels
# p1 = patches.Rectangle((.57, -0.005), width=.33, height=.13, alpha=.3, facecolor='red',
transform=fig.transFigure)
# p2 = patches.Rectangle((.124, -0.005), width=.446, height=.13, alpha=.3,
facecolor='green', transform=fig.transFigure)
# fig.add_artist(p1)
# fig.add_artist(p2)

cnt += 1
savefile = CHART_NAME + UNDERBAR + str(cnt).zfill(2) + PNG
plt.savefig(savefile, dpi=400)
print(savefile + ' 파일이 저장되었습니다.')
################################################################################
print('TreeMap')
################################################################################
# pip install squarify
import squarify

df = welfare.groupby('department').size().reset_index(name='counts')
print('df')
print(df)

labels = df.apply(lambda x: str(x[0]) + "\n (" + str(x[1]) + ")", axis=1)
print('labels') # 각 셀에 들어갈 레이블 텍스트
print(labels)

sizes = df['counts'].values.tolist()

print('sizes')
print(sizes)

colors = [plt.cm.Spectral(i/float(len(labels))) for i in range(len(labels))]
```

Chapter A 연습 문제 해답 **289**

```
print('colors')
print(colors)

# Draw Plot
plt.figure(figsize=(12,8), dpi= 80)
squarify.plot(sizes=sizes, label=labels, color=colors, alpha=.8)

# Decorate
plt.title('Treemap 다루기')
plt.axis('off')

cnt += 1
savefile = CHART_NAME + UNDERBAR + str(cnt).zfill(2) + PNG
plt.savefig(savefile, dpi=400)
print(savefile + ' 파일이 저장되었습니다.')
#############################################################################
print('Stem Plotting')
#############################################################################
import numpy as np
newwelfare = welfare['cancer'].head(100)

print('newwelfare')
print(newwelfare)

plt.figure()
x = np.arange(len(newwelfare))
y = np.array(newwelfare)

plt.stem(x, y)

cnt += 1
savefile = CHART_NAME + UNDERBAR + str(cnt).zfill(2) + PNG
plt.savefig(savefile, dpi=400)
print(savefile + ' 파일이 저장되었습니다.')
#############################################################################
```

Chapter. B

부록

pyplot 라이브러리에서 자주 사용되는 함수들을 다음과 같이 정리해 보았습니다.

B.1 plot( ) 함수

plot( ) 함수는 그래프를 그리기 위한 가장 보편적인 함수입니다.

함수	설명
사용 형식	matplotlib.pyplot.plot(*args, scalex=True, scaley=True, data=None, **kwargs)[source]
x	x 좌표(가로 축)의 값을 담고 있는 배열이나 리스트를 지정합니다.
y	y 좌표(세로 축)의 값을 담고 있는 배열이나 리스트를 지정합니다.
color	색상을 설정합니다.(예시 : color='black')
ax	서브 플롯을 설정/지정하기 위한 매개 변수입니다.
drawstyle	연결되어 있는 선들을 연결하기 위한 스타일을 지정합니다. (drawstyle='steps-post')
linestyle	선의 스타일을 설정합니다.(예시 : linestyle='dashed')
marker	선과 점의 스타일을 지정합니다.(예시 : marker='o') 세부적인 내용은 plt.plot 명령어(선과 점의 표준 스타일) 항목을 참고하길 바랍니다.
label	범례에 보여지는 문자열을 설정합니다.(예시 : label='Hohoho')

plot( ) 함수의 표준 색상 이름

약자	설명	약자	설명
b	파란 색	g	녹색
r	빨강 색	c	청록색(cyan)
m	자홍색(마젠타)	y	노랑 색
k	검정 색	w	흰색

plot( ) 함수의 선과 점의 스타일

글자	표시	글자	표시
-	실선	--	대사선
-.	대시-점선	:	점선
.	점 표시	,	픽셀 표시
o	원 표시	v	아래 쪽 삼각형 표시
^	위쪽 삼각형 표시	<	왼쪽 삼각형 표시
>	오른쪽 삼각형 표시	1	아래 쪽 삼각형 표시
2	위쪽 삼각형 표시	3	왼쪽 삼각형 표시
4	오른쪽 삼각형 표시	s	사각형 표시
p	오각형 표시	*	별 표시
h	육각형1 표시	H	육각형2 표시
+	덧셈 기호 표시	x	곱셈 기호 표시
D	다이아몬드 표시	d	가는 다이아몬드 표시
|	브이 라인 표시(Vline)	-	-

B.2 Series와 그래프

Series란 동일한 데이터 타입을 저장하기 위한 일련의 객체를 담을 수 있는 1차원 배열 같은 자료 구조입니다.
데이터 색인을 지정하지 않으면 0부터 시작하는 정수의 값으로 자동 설정이 됩니다.

Series.plot( ) 함수를 이용하게 되면 그래프를 그릴 수 있습니다.
다음과 같은 여러 가지 옵션들이 존재합니다.

항목	설명
alpha	그래프의 투명도(0 ~ 1)를 설정합니다. 0이면 완전 투명입니다.
ax	그래프를 그릴 matplotlib의 서브 플롯 객체를 의미합니다. 매개 변수로 넘어 오지 않으면, 현재 활성화 되어 있는 matplotlib의 서브 플롯을 사용합니다.
kind	그래프 종류) 'line', 'bar', 'barh'(수평 막대 그래프), 'pie', 'kde'(커널 밀도 추정 그래프)
fontsize	xticks and yticks를 위한 폰트 크기를 설정합니다.

항목	설명
grid	축의 그리드를 표시할 것인가의 여부를 설정합니다. (기본 값:True)
label	그래프의 범례에 들어갈 문자열을 설정합니다.
legend	범례를 보여 줄 것인가를 설정하는 항목입니다. plot( ) 함수의 label 옵션에 나타내고자 하는 문자열을 넣어 줍니다. 범례의 색상과 실제 그래프의 색상 순서를 맞추려면 legend='reverse' 옵션을 사용하면 된다.
logy	y 축에 관한 로그 스케일링
rot	눈금 이름을 로테이션합니다.(0 ~ 360)
stacked	누적된 막대 그래프를 보여 주고자 하는 경우에 사용합니다.(stacked=True)
style	matplotlib에 전달하고자 하는 'ko—'와 같은 스타일의 문자열을 의미합니다.
title	제목 창을 설정합니다.
use_index	객체의 색인을 눈금으로 사용할 것인지의 여부를 설정합니다. False이면 색인을 x축의 눈금으로 사용하지 않겠다.는 의미입니다.
xticks	X 축으로 사용할 값을 설정합니다.
yticks	Y 축으로 사용할 값을 설정합니다.
xlim	x축의 상한값과 하한값을 설정합니다.
ylim	y축의 상한값과 하한값을 설정합니다. 예시) ylim= [10, 120]

B.3 DataFrame과 그래프

DataFrame이란 2차원 형태의 표(행/열) 구조를 가지는 자료 구조입니다.

행과 열에 대한 인덱스를 가지고 순서대로 배열됩니다.

DataFrame을 이용하여 막대 그래프를 그리는 경우 row 1개를 그룹으로 묶어서 그래프를 그려 줍니다.

DataFrame.plot( ) 함수를 이용하게 되면 그래프를 그릴 수 있습니다.

다음과 같은 여러 가지 옵션들이 존재합니다.

항목	설명
특이 사항	DataFrame의 색인에 이름을 부여하면 x축에 놓여 지는 label이 됩니다. 예시) myframe.index.name = '실적' # xlabel 또한 컬럼을 위한 색인의 이름은 범례에 보여지는 캡션이 된다. 예시) myframe.columns.name = '지역 현황' # 범례의 캡션
alpha	그래프의 투명도(0.0 ~ 1.0)를 지정합니다.
figsize	생성될 그래프의 크기를 튜플로 지정합니다. 예시) figsize=(10, 6)
kind	차트의 유형을 지정합니다. 예시) 'bar'(세로 막대), 'barh'(가로 막대)
legend	서브 플롯의 범례를 추가합니다.(기본 값:True)
rot	눈금 이름을 회전 시킬 각도를 지정하면 됩니다.(0 ~ 360)
sharex	subplots=True이면 같은 x 축을 공유하고, 눈금과 한계를 연결합니다.
sharey	subplots=True이면 같은 y 축을 공유합니다.
sort_columns	컬럼을 알파벳 순서로 그려 줍니다. (기본 값:존재하는 컬럼 순서대로)
stacked	True이면 누적된 막대 그래프를 보여 줍니다.
subplots	값이 True이면 각 DataFrame의 컬럼들 독립된 서브 플롯에 각각 그려 줍니다.
title	그래프의 제목을 문자열로 지정합니다.

B.4 서브 플로팅

미술 시간에 그림을 그리기 위하여 도화지가 필요하듯이 Figure 객체란 컴퓨터에서 그래프를 그리기 위한 영역입니다.

figure( ) 함수는 Figure 객체를 생성해 주는 함수입니다.

Figure 객체 안에 그림을 그리려면 최소한 1개 이상의 subplot(서브 플롯)이 있어야 합니다.

서브 플롯을 생성하기 위해서는 add_subplot( ) 함수를 사용하면 됩니다.

Figure 객체 관련 메소드

Figure 객체와 관련된 메소드는 다음과 같은 항목이 있습니다.

인수	설명
add_subplot (*args, **kwargs)	subplot를 생성해주는 함수이며, 반환 되는 객체는 AxesSubplot 객체입니다. 형식) add_subplot(행수, 열수, 인덱스) ax = add_subplot(2, 2, 1) # ax는 1번째 axes가 됩니다.
suptitle('제목')	상단의 제목을 설정합니다.
tight_layout()	플롯들간의 간격을 자동으로 맞춰 주는 함수입니다.

add_subplot( ) 함수를 이용한 서브 플롯팅 예시

```
# figure( ) 함수를 이용하여 Figure 객체(fig)를 생성합니다.
fig = plt.figure(figsize=(12, 5))
# add_subplot( ) 함수를 이용하여 서브 플롯팅 객체를 구합니다.
# ax1 = fig.add_subplot(크기w, 크기h, 숫자)
# add_subplot( )으로 반환 되는 객체는 AxesSubplot 객체입니다.
ax1 = fig.add_subplot(1, 3, 1)
# 해당 인스턴스(예시) ax1를 이용하여 그래프를 그려 줍니다.
ax1.hist(randn(100), bins=20, color='k', alpha=0.3)
# plt.plot( ) 함수를 사용하면 가장 최근에 만들어진 인스턴스 영역에 그래프를 그려 줍니다.
plt.plot([1.5, 3.5, -2, 1.6])
```

서브 플로팅과 관련된 plt 함수 목록

항목	설명
figure( )	Figure란 matplotlib에서 그래프가 들어 가는 영역을 의미합니다. Figure 객체를 생성합니다. plt.figure(figsize=(8,8)) # 크기 8, 8의 그림 영역을 만들어 줍니다.
gcf( )	현재 활성화된 Figure에 대한 참조를 구할 수 있습니다.
subplot( )	서브 플롯을 지정합니다. 예시) plt.subplot(211) # 2행 1열의 1번째 서브 플롯을 의미합니다.
subplots_ adjust( )	서브 플롯간의 수평과 수직 간격을 조정합니다. plt.subplots_adjust(wspace = 0.1, hspace = 0)에서 wspace는 width space, hspace는 height space라고 이해하면 됩니다.

plt.subplots( )의 매개 변수

여러 개의 subplot를 포함하는 Figure를 생성하려면 subplots( ) 함수를 사용하면 됩니다. subplot들을 포함하는 Figure를 생성해줍니다.

pyplot.subplots의 인자들은 다음과 같은 항목이 있습니다.

항목	설명
사용 형식	fig, ax = plt.subplots(2, 3) 1번째 반환되는 fig는 Figure 객체를 의미합니다. 2번째 반환되는 ax는 2행 3열의 AxesSubplot 객체입니다. 2차원 배열 형식이므로, 1번째 ax는 ax[0, 0]으로 접근하면 됩니다.
nrows	서브 플롯의 로우 수를 의미합니다.
ncols	서브 플롯의 컬럼 수를 의미합니다.
sharex	모든 서브 플롯들이 x 축 눈금을 사용하도록 합니다.(xlim 값을 조절하면 모든 서브 플롯에 적용된다.) sharex=True이면 xticks를 공유하겠다는 의미입니다.
sharey	모든 서브 플롯들이 y 축 눈금을 사용하도록 합니다.(ylim 값을 조절하면 모든 서브 플롯에 적용된다.) sharey=True이면 yticks를 공유하겠다는 의미입니다.
subplot_kw	add_subplot( )을 사용해 각 서브 플롯을 생성할 때 사용할 키워드를 담고 있는 사전입니다.
**fig_kw	Figure를 생성할 때 사용할 추가적인 키워드 매개 변수를 입력하는 항목입니다. 예시) plt.subplot(2, 2, figsize=(8, 6), dpi= 80, facecolor='white', subplot_kw=dict(aspect="equal")

---

subplots( ) 함수를 이용한 서브 플롯팅 예시

```
# subplots(행, 열)을 이용하여 Figure 객체(fig)와 서브 플롯 객체(axes)를 다음과 같이 생성합니다.
fig, axes = plt.subplots(nrows=2, ncols=1) # 2행 1열

# Series 객체의 ax 매개 변수를 이용하여 다음과 같이 그림을 그려 줍니다.
시리즈객체.plot(kind='bar', ax=axes[0], rot=0, alpha=0.7)
```

AxesSubplot 객체와 관련된 함수

add_subplot( ) 함수를 사용하면 반환되는 결과는 AxesSubplot 객체입니다.
AxesSubplot 객체의 이름을 ax라고 가정하면, 다음과 같은 함수들을 사용할 수 있습니다.

항목	설명
ax.add_artist( )	Artist 객체를 추가합니다. ax.add_artist(RibbonBoxImage(ax, bbox, bc, interpolation="bicubic"))
ax.add_line(line)	2차원의 라인을 그려 줍니다. line 객체는 matplotlib.lines 라이브러리의 Line2D를 이용한 객체를 매개 변수로 입력하면 됩니다.
ax.add_patch( )	삼각형, 사각형, 다각형, 원 등의 도형을 그래프에 추가합니다.
ax.annotate( )	주석(글자와 화살표)을 추가합니다. ax.annotate(label, xy, xytext, arrowprops, horizontalalignment='left', verticalalignment='top')
ax.barh( )	수평 막대 그래프를 그려 줍니다. ax.barh(labels, widths, left, height, label, color)
ax.get_xlim( )	xlim의 getter입니다.
ax.hist( )	hist(randn(100), bins=20, color='k', alpha=0.3) n, bins, patches = ax.hist(x, num_bins, density=True)
ax.imshow(x)	이미지(array-like or PIL image)를 그려주는 함수입니다. ax.imshow(x, interpolation="bicubic", zorder=0.1, extent=(0, 1, 0, 1), transform=ax.transAxes, aspect="auto")
ax.invert_yaxis( )	y축을 뒤집어 주는 함수입니다.
ax.legend(loc)	범례를 지정합니다. 범례를 제외하고자 하는 요소가 있으면 label='_nolegend_' 옵션을 사용하면 됩니다.
ax.pie(x)	ax.pie(x, explode, labels, autopct, shadow=True, startangle, radius, colors, pctdistance) 추가적인 매개 변수 textprops=dict(color="w") wedgeprops=dict(width=너비, edgecolor='w')

항목	설명
ax.plot **(x, y)**	그래프를 그려 줍니다. 추가적인 매개 변수로 color 등이 있습니다.
ax.scatter **(x, y)**	산점도 그래프를 그려 줍니다. ax.scatter(x=df.index, y=df.소득, s=75, color='firebrick', alpha=0.7)
ax.set( )	여러 개의 항목을 동시에 설정하고자 할 때 사용합니다. ax.set(aspect="equal", title='주요 국가별 중첩 파이 그래프') ax.set(xlim=(0,4), ylim=(0, 100), ylabel='시험 점수') ax.set(ylabel='지역구별 소득의 평균', ylim=(0, 301))
ax.set_title **(str)**	str이라는 값으로 서블 플롯의 제목을 지정합니다. ax.set_title("주요 국가 발생 건수") ax.set_title('학생들의 시험 성적', fontdict={'size':22})
ax.set_ **xlabel(str)**	x축에 놓이는 레이블 str을 지정합니다. ax.set_xlabel('점심과 저녁 팁')
ax.set_ **xticks(목록)**	x축에 놓이는 ticks를 지정합니다. set_xticks([0, 25, 50, 75, 100]) ax.set_xticks([y + 1 for y in range(len(chartdata))]) ax.set_xticks(df.index) # 데이터 프레임의 색인
ax.set_ **xticklabels** **(목록)**	x축에 놓이는 ticks의 레이블을 지정합니다. ax.set_xticklabels(['중간 고사', '기말 고사']) ax.set_xticklabels(df.지역구.str.lower( ), rotation=30, fontdict={'horizontalalignment': 'right', 'size':12}) set_xticklabels(['a', 'b', 'c', 'd', 'e'], rotation=30, fontsize='small')
ax.set_xlim **(a, b)**	x축의 limit를 지정하는 setter입니다. ax.set_xlim(0, np.sum(data, axis=1).max( )) ax.set_xlim(xdata[0] - 0.5, xdata[-1] + 0.5)
ax.set_ **ylabel(str)**	y축에 놓이는 레이블 str을 지정합니다. ax.set_ylabel('Total Bill') ax.set_ylabel('결재 금액', color=color)
ax.set_ylim **(a, b)**	y축의 limit를 지정하는 setter입니다. ax.set_ylim(0, 12000)

항목	설명
ax.text(x좌표, y좌표, text, family, fontsize)	글자를 그립니다. ax.text(0, 0, '글자') 사용 가능한 매개 변수 family='monospace', fontsize=20, horizontalalignment='right' verticalalignment='center', fontdict={'size':18, 'weight':700 ha='center', va='center', color=text_color
ax.tick_params( )	tick_params(axis='y', labelcolor=color) axis는 'x'또는 'y' 문자열을, labelcolor은 레이블에 대한 색상을 지정합니다.
ax.tick_params( )	ticks의 외관, 즉 label이나 gridline 등의 값을 변경합니다. ax.tick_params(axis='y', labelcolor=color)
ax2=ax.twinx( )	x-axis을 공유하는 두 번째 축을 생성해 줍니다.
ax.vline (x, ymin, ymax)	수직선을 그려 줍니다. ax.vlines(x=x의색인리스트, ymin=시작위치, ymax=끝위치) 부가적인 매개 변수 color='black', alpha=0.7, linewidth=1, linestyles='dotted', label

Chapter. C

찾아보기 }